THEORY OF NATIONAL SECURITY

국가안보론

박 문 수 지음

도서출판 양 성 원

머리말

북한의 연이은 핵실험(核實驗)과 ICBM(대륙간탄도미사일)급의 장거리(長距離) 미사일 시험발사에 이어 김정은 정권의 이른바 『핵무력 완성』 선언으로 촉발(觸發)된 한반도(韓半島) 전쟁(戰爭) 위기설(危機說)은 2018년 2월, 평창 동계올림픽 경기대회를 계기로 시작된 남북한 사이의 화해(和解)와 협력(協力)의 분위기가 급기야 남북(南北) 정상회담(頂上會談)에 이어 북미(北美) 정상회담(頂上會談)으로 이어지면서 완전(完全)하지는 않지만 한반도(韓半島)에도 평화(平和)의 분위기(雰圍氣)를 이곳저곳에서 찾아볼 수 있는 상황(狀況)까지 이르게 되었다.

그럼에도 불구하고, 아직 한반도(韓半島)의 진정한 평화정착(平和定着)은 아직도 미완성(未完成)이다. 한반도(韓半島) 평화정착(平和定着)의 전제조건(前提條件)인 『북한의 완전(完全)한 비핵화(非核化)』 조치가 완성되고 북한에 대한 국제사회의 제재(制裁)가 해제(解除)될 때 비로소 한반도(韓半島)에서의 진정(眞正)한 평화(平和)를 이야기할 수 있다는 것이다.

내년이면 6.25 전쟁이 발발(勃發)한 지 70주년(周年)이 된다. 우리는 역사를 통해 나라를 빼앗긴 아픔과 설움을 뼈저리게 느꼈고 국가안보(國家安保)의 소중(所重)함이 얼마나 큰지도 잘 알고 있다. 그 뿐만 아니라, 한 국가(國家)가 스스로 나라를 지키고자 하는 의지(意志)도 부족하고 능력(能力)도 모자랄 때 그 국가(國家)는 지구상(地球上)에서 사라져 간다는 사실도 잘 알고 있다. 국가안보(國家安保)는 잘 사느냐? 못 사느냐? 하는 차원(次元)을 넘어서 사느냐? 죽느냐? 하는 문제로 귀결(歸結)되기 때문이다.

동북아 지역에서 안보(安保)의 중요한 축(軸)을 담당하고 있는 대한민국(大韓民國)의 국민(國民)으로서 올바른 역사관(歷史觀) 위에서 오늘날의 한반도(韓半島) 안보상황(安保狀況)의 엄중(嚴重)함을 인식하고 한반도(韓半島)를 둘러싼 주변(周邊) 국가(國家)들과의 협력(協力)과 굳건한 한미동맹(韓美同盟) 속에서 정의(正義)롭고, 평화(平和)로운 통일(統一) 대한민국(大韓民國)의 미래를 만들어 가야 할 것이다.

본서는 1부와 2부로 나누어 구성하였으며, 제1부 『유구한 역사 대한민국』 편에서는 우리 민족의 유구(悠久)한 역사(歷史)를 통해 선열(先烈)들의 상무정신(尙武精神)과 호국정신(護國精神)을 이해하고, 자유민주주의(自由民主主義) 국가로서 대한민국(大韓民國)의 우월성(優越性)과 정통성(正統性)을 이해할 수 있도록 구성하였다. 제2부 『국가와 안보』 편에서는 국가안보(國家安保)의 개념(槪念)과 중요성(重要性)을 이해하고 한반도(韓半島)를 중심으로 한 안보정세(安保情勢)와 대한민국 정부의 안보전략(安保戰略)을 이해하며, 핵무기(核武器)와 미사일로 무장(武裝)한 북한(北韓)의 군사적(軍事的) 위협(威脅)과 이에 따른 굳건한 한미동맹(韓美同盟)과 다자(多者) 안보협력(安保協力)에 대해 이해하고 통일(統一) 대한민국(大韓民國)의 미래를 이해할 수 있도록 구성하였다.

아울러 각 장, 절마다 핵심적(核心的)인 단어에는 한자(漢字)를 함께 표기함으로써 그 의미(意味)를 더 폭넓게 이해(理解)하는 데 도움을 주고자 하였다.

본서는 국가안보(國家安保)에 대해 누구나 쉽게 이해할 수 있도록 핵심적(核心的)인 내용을 중심으로 정리하였으며, 특히 군(軍)의 초급(初級) 간부(幹部)들과 장차(將次) 대한민국(大韓民國)의 호국(護國)의 간성(干城)이 되고자 하는 지망생(志望生)들에게 올바른 국가관(國家觀)과 확고(確固)한 안보관(安保觀)을 정립(定立)하는 데 도움이 되기를 소망(所望)한다.

2020년 2월

저자 박 문 수

차 례

Part 02 국가(國家)와 안보(安保)

부록

PART

01

유구(悠久)한 역사(歷史) 대한민국(大韓民國)

CONENTS

CHAPTER

01

상무정신(尙武精神)과 호국정신(護國精神)

CONENTS

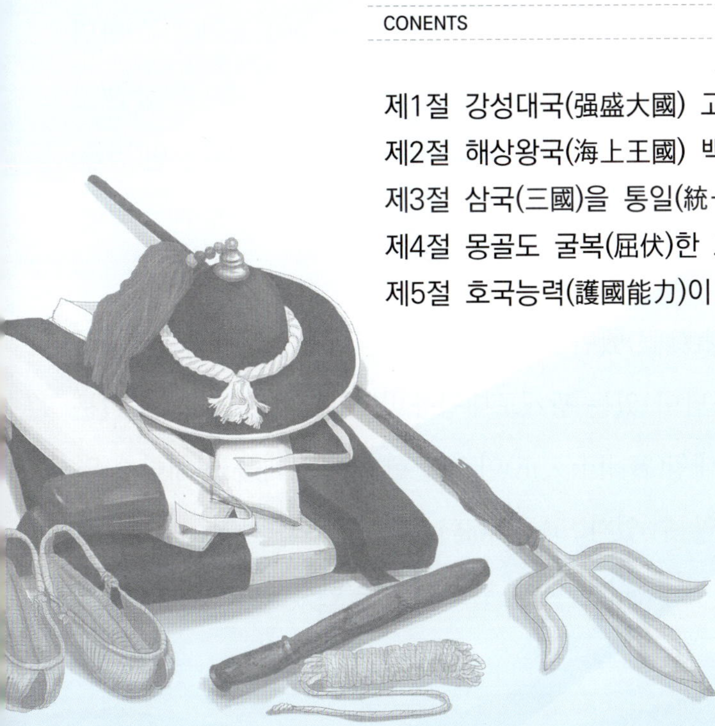

제1절 강성대국(强盛大國) 고구려(高句麗)

1. 고구려(高句麗)의 태동(胎動)

고구려(高句麗) 기원(紀元)에 관해서는 몇 가지 설(說)이 전해지지만, 역사적(歷史的)인 가치를 기준으로 볼 때 삼국사기(三國史記)의 기록을 근거(根據)로 삼는 것이 타당하다고 볼 수 있다. 삼국사기(三國史記)에 따르면 고구려(高句麗)는 기원전 37년에 주몽(朱蒙 B.C. 58~19)이 부여(夫餘)에서 내려와 오늘날의 압록강(鴨綠江) 중류 지역에 나라를 세운 것으로 전해진다.

건국(建國) 후 1세기(世紀)경에 고대국가(古代國家)의 체제를 정비한 고구려(高句麗)는 4세기 말 광개토대왕(廣開土大王, 374~413)이 즉위(卽位)하면서 강력(强力)한 군사력(軍事力)과 경제력(經濟力)을 토대(土臺)로 왕권(王權)을 안정시키고 국력(國力)을 비약적(飛躍的)으로 키움으로써 주변(周邊)의 백제(百濟), 신라(新羅) 등 삼국(三國) 간 경쟁(競爭)에서 주도권(主導權)을 잡게 되었다.

고구려(高句麗)의 막강(莫强)했던 국력(國力)의 흔적(痕迹)은 오늘날 중국의 퉁거우(通溝) 지역에 남아 있는 광개토대왕릉비(廣開土大王陵碑)의 비문(碑文)을 통해서 광개토대왕(廣開土大王)이 활발한 대외정책을 전개하여 영토를 크게 넓혔음을 잘 알 수 있다. 고구려(高句麗)의 영토(領土)는 북쪽으로는 요동(遼東)을 비롯한 만주(滿洲) 지방, 남쪽으로는 한강 상류에까지 이르게 되었다.

2. 고구려(高句麗)의 위용(威容)

광개토대왕(廣開土大王)의 위업(偉業)을 계승(繼承)하여 고구려의 전성기(全盛期)를 이끈 것은 바로 장수왕(長壽王, 394~491)이었다. 그는 대내적(對內的)으로, 수도(首都)를 국내성(國內城)에서 대동강(大同江) 유역(流域)인 평양성(平壤城)으로 옮김으로써 고구려(高句麗)가 대동강 유역의 풍요로운 경제적 부(富)를 향유(享有)하고 정치, 경제, 사회, 문화면에서 비약적(飛躍的) 발전을 도모(圖謀)하는 기반(基盤)을 마련하였다.

대외적(對外的)으로는, 서해를 통하여 중국의 남북 양조(兩朝)와 교류하는 한편, 남쪽으로는 백제(百濟)와 신라(新羅) 방면으로 진출하는 데 유리한 조건을 갖추게 되었다.

영양왕(嬰陽王) 9년(598)에는, 중국의 수(隋)나라 문제(文帝, 541~604)가 육군 30만 명의 대군(大軍)을 이끌고 고구려(高句麗)를 침략(侵略)하였으나 홍수(洪水)와 질병(疾病), 폭풍(暴風) 등으로 퇴각(退却)하였다.

이어 영양왕(嬰陽王) 23년(612)에, 문제(文帝)의 아들 양제(煬帝, 569~618)가 직접 113만 명의 대군(大軍)을 이끌고 쳐들어왔지만 고구려(高句麗)의 명장(名將) 을지문덕(乙支文德)의 유인작전(誘引作戰)에 의해 살수(薩水, 지금의 청천강)에서 거의 전멸(全滅)하다시피 되어 퇴각(退却)하였고 이로 인해 수(隋)나라는 멸망(滅亡)하고 말았다.

수(隋)나라의 뒤를 위은 당(唐)나라는 처음에는 고구려(高句麗)와 화친(和親)을 꾀하였으나 곧 동북아시아 지역으로 세력을 확장했다. 이에 고구려(高句麗)는 당(唐)나라의 침입(侵入)을 막기 위해 16년간에 걸쳐 요동(遼東) 지방(地方)에 천리장성(千里長城)을 축조(築造)하여 대비태세(對備態勢)를 강화했다.

고구려(高句麗)는 연개소문(淵蓋蘇文)이 실권(實權)을 장악(掌握)한 후 대외(對外) 강경정책(强硬政策)을 추진하자 보장왕(寶藏王) 5년(646)에 당(唐)나라 태종(太宗)이 수륙(水陸) 대군(大軍)을 이끌고 쳐들어왔다. 그러나 양만춘(楊萬春) 장군(將軍)이 이끄는 고구려군(高句麗軍)은 안시성(安市城)에서 3개월간의 끈질긴 공방(攻防) 끝에 당(唐)나라 군대의 공격을 물리쳤다.

이는 "남녀가 결혼을 하면 자신이 죽을 때 입을 수의(壽衣)를 만들어 놓는다."라는 삼국지 위지 동이전(三國志 魏志 東夷傳)의 기록처럼 나라를 위해서라면 죽음도 두려워하지 않았던 고구려인(高句麗人)의 상무정신(尙武精神)과 호국정신(護國精神)이 수(隋)나라와 당(唐)나라의 거듭된 침략을 막아낸 것이었음을 잘 알 수 있는 대목이다. 이러한 고구려(高句麗)의 활약은 백제(百濟)와 신라(新羅)까지도 나라의 존망위기(存亡危機)로부터 구원한 셈이며 민족사적(民族史的) 측면에서 볼 때도 민족보위(民族保衛)의 방파제(防波堤)와 같은 역할을 했다고 평가(評價)할 수 있다.

살수대첩(薩水大捷) : 을지문덕(乙支文德) 장군(將軍)

고구려(高句麗)는 6세기 후반 중국이 통일국가(統一國家)를 이루고 동아시아 질서를 재편(再編)하는 과정에서 수(隋)나라와 전쟁(戰爭)을 하였다. 598년(영양왕 9년) 수(隋)나라 문제(文帝)가 고구려(高句麗)를 침략(侵略)하였으나 고구려(高句麗)에게 참패(慘敗)를 당하고 물러났다. 이후 612년에 수(隋)나라 문제(文帝)의 둘째 아들인 양제(煬帝)가 113만 명의 대군(大軍)을 이끌고 고구려(高句麗)를 재차(再次) 침략하였다. 수(隋)나라 육군은 지금의 베이징(北京) 일대에 집결(集結)하여 좌우 각각 12군으로 편성하여 고구려(高句麗)를 향해 진격(進擊)하였다.

고구려(高句麗) 침략(侵略)에 동원된 수(隋)나라 병력은 모두 113만 3,800여 명으로 군량곡(軍糧穀) 운반자의 수는 정규군(正規軍)의 배(倍)가 되었으며, 군대를 출발시키는 데만 40일이 소요(所要)될 정도였다. 고구려군(高句麗軍)의 완강(頑强)한 저항(抵抗)으로 인해 막대한 희생을 치르면서 겨우 요하(遼河) 도하작전(渡河作戰)에 성공한 수군(隋軍)은 곧 요동성(遼東城)을 포위(包圍)해 공격했으나 고구려군(高句麗軍)의 완강(頑强)한 저항(抵抗)과 수군(隋軍)의 지휘체계(指揮體系) 혼란(混亂) 등으로 인해 지구전(持久戰)에 돌입하게 되었다. 이에 수(隋)나라는 우중문(于仲文), 우문술(宇文述) 등을 지휘관(指揮官)으로 하여 30만여 명의 별동대(別動隊)를 편성하여 압록강(鴨綠江)을 건너 고구려(高句麗)의 도성(都城)인 평양성(平壤城)으로 직공(直攻)하여 대세(大勢)를 결정지으려고 하였다. 별동대(別動隊)는 평양성 30리 지점까지 진군(進軍)하였다. 그러나, 수(隋)나라 군대 지휘부 내부의 분열(分裂)과 각개 병사들이 지급받은 보급품을 몰래 버리는 등의 전장(戰場) 군기문란(軍紀紊亂) 행위의 속출, 이로 인한 군수물자 부족 등으로 더 이상의 진군(進軍)이 불가능하게 되었다.

이러한 수군(隋軍)의 약점을 간파한 고구려(高句麗)의 을지문덕(乙支文德) 장군(將軍)은 수군(隋軍)을 고구려군(高句麗軍) 진영(陣營)으로 깊숙이 유인(誘引)하여 수군(隋軍)의 전투능력의 한계점(限界點)에 도달(到達)하게 한 뒤 위장항복(僞裝降伏)을 청해 수군(隋軍)이 퇴각할 구실을 만들어 주는 척하면서 추격전(追擊戰)을 전개하였다. 특히 을지문덕(乙支文德)은 퇴각(退却)하는 수군(隋軍)이 살수(薩水, 지금의 청천강)를 건너고 있을 때, 이들을 배후(背後)에서 공격함으로써 대승(大勝)을 거두었다. 이에 요동(遼東)까지 살아서 돌아간 수(隋)나라 병력(兵力)은 겨우 2,700여 명에 불과했다고 전해진다.

제2절 해상왕국(海上王國) 백제(百濟)

1. 백제(百濟)의 태동(胎動)과 번창(繁昌)

삼국사기(三國史記)에 따르면 주몽(朱蒙)의 아들인 온조(溫祚, ?~28)가 기원전(紀元前) 18년에 남쪽으로 내려와 위례성(慰禮城)에 백제(百濟)를 세웠다고 전한다. 3세기에 국가체제(國家體制)를 정비(整備)한 백제(百濟)는 4세기 중반 근초고왕(近肖古王, ?~375) 대에 이르러 강력(强力)한 군사력(軍事力)과 경제력(經濟力)을 바탕으로 한반도(韓半島) 서남부 지역까지 영토(領土)를 확장(擴張)했다. 또한 수군(水軍, 오늘날 해군)을 정비(整備)하여 중국의 요서(遼西), 산둥(山東) 지역과 일본의 규슈 지역까지 진출(進出)함으로써 동아시아의 해상왕국(海上王國)으로 발전하였다.

백제(百濟)는 군사력(軍事力)뿐만 아니라, 우수한 조선기술(造船技術)을 바탕으로 동아시아의 바다를 장악(掌握)하였고 해상(海上)을 통한 무역(貿易)과 문화교류(文化交流)의 중심역할을 수행하여 아시아의 바이킹이라고 불릴 정도로 위용(威容)을 떨쳤다.

2. 백제(百濟)의 호국정신(護國精神)

신라 말의 학자였던 최치원(崔致遠, 857~?)은 그의 문집(文集) 「상대사시중장(上大師侍中狀)」에서 “고구려(高句麗)와 백제(百濟)의 전성시대(全盛時代)에는 강병(强兵)이 백만(百萬)이나 되어 남으로는 오(吳), 월(越)을 침략(侵略)하고 북으로는 연(燕), 제(齊), 노(魯)를 위협(威脅)하여 중국의 근심(根

尋)거리가 되었다."라고 하였다. 연(燕), 제(齊), 월(越)은 중국 대륙의 해안(海岸) 지역(地域)에 자리 잡았던 나라들로서 이는 백제(百濟)가 서해(西海)를 무대(舞臺)로 군사활동(軍事活動)을 활발(活潑)히 벌였음을 잘 보여 주는 것이라고 할 수 있다.

훗날, 비록 백제(百濟)는 나당(羅唐) 연합군의 협공(挾攻)으로 의자왕(義慈王) 20년(660)에 멸망(滅亡)하였지만, 해양(海洋)으로 진출하려는 적극적(積極的)이고 진취적(進取的)인 백제인(百濟人)의 개척정신(開拓精神)은 주변(周邊) 국가와의 계속되는 전쟁(戰爭) 속에서도 나라를 지키고 영토(領土)를 확장(擴張)할 수 있는 원동력(原動力)이 되었던 것이다.

그 뿐만 아니라, 신라(新羅)와 당(唐)나라 연합군(聯合軍)의 협공에 맞서 계백(階伯, ?~660) 장군(將軍)이 이끄는 5천 결사대(決死隊)가 황산벌에서 죽음을 불사(不辭)하고 신라(新羅) 김유신(金庾信, 595~673) 장군(將軍)이 이끄는 5만 명의 신라군(新羅軍)을 상대로 끝까지 맞서 싸운 결사항쟁(決死抗爭)의 정신은 우리가 본받고 계승(繼承)해야 할 숭고(崇高)한 호국정신(護國精神)인 것이다.

황산벌 전투(戰鬪) : 계백 장군(階伯將軍)

의자왕(義慈王) 初, 왕권 중심의 지배체제를 확립한 백제(百濟)는 중국과 신라에 대해 강경노선(强硬路線)을 취하고 있던 고구려(高句麗)와 연합(聯合)하여 신라(新羅)를 압박(壓迫)하였다. 특히 의자왕(義慈王) 2년(642)에 대야성(大耶城, 지금의 경상남도 합천)을 비롯한 신라 남부의 40여 개의 성을 함락(陷落)시킨 사건은 신라(新羅)에게 커다란 충격(衝擊)을 주었다. 이에 신라(新羅)는 김춘추(金春秋)를 당(唐)나라에 파견해 적극적인 외교교섭(外交交涉)을 벌인 결과 당(唐)나라와 군사동맹(軍事同盟)을 맺는데 성공하였다. 그리고 660년에 나당(羅唐) 연합군이 드디어 백제(百濟)에 대해 공격(攻擊)을 단행(斷行)하였다.

당(唐)나라 소정방(蘇定方)이 이끄는 13만 명의 당군(唐軍)은 산둥반도의 내주(來州)를 출발하여 서해를 건너 백제(百濟)로 진군(進軍)하였고, 김유신(金庾信)과 흠춘(欽春), 품일(品日) 등이 거느린 5만여 명의 신라군(新羅軍)은 육로(陸路)로 백제(百濟)를 공격하였다. 급보(急報)를 접(接)한 의자왕(義慈王)은 계백 장군(階伯將軍)에게 5,000여 명의 결사대(決死隊)를 조직하게 해 황산벌로 진격(進擊)해 오던 신라군(新羅軍)을 저지(沮止)하도록 명령하였다.

왕명(王命)을 받은 계백(階伯)은 "처자(妻子)가 적국(敵國)의 노비(奴婢)가 되어 살아서 욕(辱) 보기보다는 죽는 것이 낫다."라고 하며 처자(妻子)를 죽이고 비장(悲壯)한 각오로 출병(出兵)하였다. 그리고 죽기를 각오한 백제(百濟)의 5,000여 명의 결사대(決死隊)는 신라군(新羅軍)과 네 번을 싸워 모두 승리하였다. 이로 말미암아 신라군(新羅軍)의 사기(士氣)가 크게 떨러졌다.

이때, 신라(新羅) 장군 흠춘(欽春)의 아들 반굴(盤屈)과 품일(品日) 장군의 아들 관창(官昌)이 단신(單身)으로 백제군(百濟軍) 진영(陣營)에 뛰어들어 용감히 싸우다가 백제군(百濟軍)에 사로잡혀 전사(戰死)하였다. 청년(青年) 화랑(花郞)들의 목숨을 아끼지 않는 용감한 행동에 감격한 신라군(新羅軍)은 사기(士氣)가 크게 올라 총공격을 감행하였다. 백제(百濟)의 결사대(決死隊)는 여기에 맞서 용감히 싸웠으나 중과부적(衆寡不敵)으로 대패(大敗)하였다.

제3절 삼국(三國)을 통일(統一)한 신라(新羅)

1. 신라(新羅)의 태동(胎動)과 번창(繁昌)

신라(新羅)의 건국(建國)에 대한 기록은 삼국사기(三國史記)에서 찾아 볼 수 있다. 삼국사기(三國史記) 기록에 따르면 기원전(紀元前, B.C.) 57년에 박혁거세(朴赫居世, B.C. 69~A.D. 4)가 6촌장의 추대를 받아 왕위에 오르고 신라(新羅)를 세웠다고 한다. 이후 신라(新羅)의 국력(國力)은 지증왕(智證王, 500~514) 때에 이르러서는 비약적(飛躍的)으로 성장하며 국호(國號)를 사로국(斯盧國)으로 정하고 왕호를 마립간(麻立干)에서 왕(王)으로 바꾸어 중앙집권체제(中央集權體制)를 강화하였다.

진흥왕(眞興王, 534~576) 때에는 화랑도(花郎徒)를 국가조직(國家組織)으로 개편하여 많은 인재(人材)를 양성했으며, 한강(漢江) 유역(流域)을 차지한 이후 함흥평야(咸興坪野)까지 진출하였다. 한강 유역은 신라(新羅)로 하여금 서해를 통해 중국과 직접 교류할 수 있는 전략적(戰略的) 거점(據點)이 되었고 신라는 삼국(三國) 간(間)의 경쟁에서 주도권(主導權)을 확보함으로써 삼국통일(三國統一)을 위한 중요한 발판을 마련하였다.

2. 신라(新羅)의 삼국통일(三國統一)

신라(新羅)가 한강 유역을 장악(掌握)하자 고구려(高句麗)와 백제(百濟)는 동맹(同盟)을 맺고 신라(新羅)를 협공(挾攻)하였다. 이에 신라(新羅)는 당(唐)나라와 연합(聯合)하여 백제(百濟)와 고구려(高句麗)를 차례로 무너뜨렸다.

백제(百濟)와 고구려(高句麗)의 패망 이후 당(唐)나라는 옛 백제(百濟) 땅에 5 도독부(都督府)를, 옛 고구려(高句麗) 땅에는 평양에 안동(安東) 도호부(都護府)를 비롯한 9 도독부(都督府)를, 그리고 신라(新羅) 경주(慶州)에 계림(鷄林) 도독부(都督府)를 설치하는 등 한반도(韓半島)를 당(唐)나라의 속국(屬國)으로 만들려고 하는 야욕(野慾)을 가지고 있었다. 그러나 신라(新羅)는 화랑도(花郎徒)를 중심으로 한 호국정신(護國精神)을 바탕으로 국력이 월등히 앞서 있던 당(唐)나라와 대결(對決)하여 승리함으로써 삼국통일(三國統一)을 완성하였다.

당(唐)나라와의 대결 중 가장 대표적인 전투(戰鬪)는 매초성(買肖城, 지금의 양주) 전투였다. 신라(新羅)는 이 전투에서 당(唐)나라의 20만 대군(大軍)에 맞서 싸워 대승(大勝)을 거두었다. 뒤 이은 기벌포(伎伐浦, 지금의 금강 하구) 해전에서는 22회의 끈질긴 혈전(血戰) 끝에 당(唐)나라 군 4,000여 명을 물리치는 대승을 거두어 제해권(制海權)을 장악(掌握)하였다.

이에 당군(唐軍)은 한반도(韓半島) 장악(掌握)의 야욕(野慾)을 포기(抛棄)하고 퇴각(退却)하지 않을 수 없었다. 이로써 신라(新羅)는 당(唐)나라 군대를 몰아내기 위한 7년여의 전투(戰鬪)에서 승리할 수 있었다. 당(唐)나라와 전쟁을 치르는 과정에서 왕권(王權)이 강화(强化)된 신라(新羅)는 이후 중앙 정치기구와 지방행정 조직 및 군사조직(軍事組織)을 정비하여 280여 년간 만주 지역(滿洲地域)의 발해(渤海)와 함께 남북국시대(南北國時代)를 열어 갈 수 있었다.

통일신라(統一新羅)는 당(唐)나라의 침략(侵略)에 항거(抗拒)하고 독립 국가를 유지하는 데 성공함으로써 보다 발전할 수 있었고, 우리 민족의 독자적(獨自的)인 역사 발전의 터전을 만들 수 있었다.

제4절 몽골도 굴복(屈伏)한 고려(高麗)

1. 고려(高麗)의 태동(胎動)과 번창(繁昌)

역사적(歷史的)으로, 고려(高麗)의 건국(建國)은 통일신라(統一新羅)의 쇠퇴(衰退)로부터 시작되었다. 통일신라(統一新羅)는 왕조(王朝) 말기에 왕위(王位) 계승(繼承)을 둘러싼 진골귀족(眞骨貴族)의 내부 분열과 6두품의 불만 등이 지속되며 점차 기울어지기 시작하였다. 이런 틈을 엿본 지방의 호족(豪族) 세력(勢力)들은 궁예(弓裔, ?~918)와 견훤(甄萱, 867~936)을 필두(筆頭)로 중앙정부에 맞서 세력이 뻗어 나가기 시작했다.

견훤(甄萱)은 900년에 완산주(完山州, 지금의 전주)에 후백제(後百濟)를, 궁예(弓裔)는 901년에 송악(松嶽, 지금의 개성)을 근거로 후고구려(後高句麗)를 건국하였다. 그리하여 신라(新羅)와 후백제(後百濟), 후고구려(後高句麗)의 이른바 후삼국(後三國)시대가 열리게 된 것이다.

이후 궁예(弓裔)가 민심을 잃게 되자 송악 지방의 호족(豪族)인 왕건(王建, 877~943)이 918년에 궁예(弓裔)를 몰아내고 새 왕조를 세웠는데 이때 국호(國號)를 고려(高麗)라 하였다. 그 후 신라(新羅)가 935년(경순왕 9년)에 고려(高麗)에 투항(投降)하였고, 그 이듬해인 936년에 후백제(後百濟)마저 고려(高麗)에 병합(倂合)됨으로써 후삼국(後三國)이 고려(高麗)로 재통일되었다.

후삼국(後三國)을 통일한 왕건(王建)은 나라의 기틀을 다지는 데 총력을 기울였다. 나라 안으로는 농민의 민심(民心)을 어루만지면서 나라 밖으로는 옛 고구려(高句麗)의 영토(領土)을 되찾기 위한 노력을 끊임없이 전개(展開)하였다.

특이 왕건(王建)은 발해(渤海)를 멸망시킨 거란족을 원수(怨讎)로 생각했다. 그러던 중 993년에 거란의 소손녕(蕭遜寧)이 고려(高麗)를 침략하였으나 명장(名將) 서희(徐熙)가 외교적 담판(談判)을 통해 오히려 강동(江東) 6 주(州)를 얻어 내었다. 그리고 1018년에는 소배압(蕭排押)이 10만의 군대를 이끌고 쳐들어왔으나 강감찬(姜邯贊) 장군(將軍)이 귀주대첩(龜州大捷)으로 물리쳤다.

2. 몽골도 물리친 고려(高麗)의 호국정신(護國精神)

13세기에 들어와 동아시아의 국제정세(國際情勢)는 몽골제국의 칭기즈칸에 의해 크게 흔들리기 시작했다. 역사적(歷史的)으로 칭기즈칸의 등장은 주변(周邊)의 크고 작은 나라들에 군사적(軍事的)으로 커다란 영향을 주기에 충분했다고 볼 수 있다. 중국대륙(中國大陸)을 노리던 몽골제국은 고려(高麗)와 함께 거란을 협공(挾攻)하였다. 거란을 몰아낸 후 몽골제국은 고려(高麗)에 지나치게 많은 공물(貢物)을 요구하기 시작했다. 그러던 중 몽골은 고려(高麗)에 보냈던 사신(使臣)의 죽음을 구실(口實)로 1231년에 고려(高麗)를 침략함으로써 전쟁(戰爭)이 시작되었다. 이에 고려(高麗) 조정(朝廷)은 몽골과의 장기적인 항전(抗戰)을 위해 강화도(江華島)로 천도(遷都)하였고, 1270년에 개경(開京)으로 환도(還都)하기까지 40여 년간 7차에 걸친 몽골군의 계속되는 침략(侵略)에 굴복(屈伏)하지 않고 끈질기게 항전(抗戰)하였다.

또한 고려(高麗) 조정(朝廷)이 몽골과 화평조약을 맺고 개경(開京)으로 환도(還都)한 이후에도 고려(高麗)의 삼별초(三別抄)는 남부 지방과 제주도(濟州島)를 중심으로 3년여에 걸쳐 끝까지 항전(抗戰)하였다.

세계사(世界史)에서 당시 몽골과 이토록 오래 싸워 독립을 유지한 나라는 드물었다. 이는 나라를 지키겠다는 고려인(高麗人)들의 강인(强忍)한 호국

정신(護國精神)이 있었기에 가능한 일이었다.

"天下雖安 忘戰必危(천하수안 망전필위)"

"세상이 아무리 평안해도 전쟁을 잊으면 위태로워진다."

~ 사마법(司馬法) ~

제5절 호국능력(護國能力)이 부족했던 조선(朝鮮)

1. 조선(朝鮮)의 건국(建國)과 부패(腐敗)

조선(朝鮮)의 건국(建國)은 고려(高麗)의 몰락(沒落)에서부터 출발했다고 볼 수 있다. 고려(高麗)의 충신(忠臣)이었던 이성계(李成桂)는 저물어 가는 고려(高麗)를 버리고 위화도(威化島) 회군(回軍) 사건을 계기로 1392년에 새로운 나라를 세우면서, 국호(國號)를 조선(朝鮮)으로 정하고 새로운 정치(政治), 민생(民生)을 위한 정치를 표방(標榜)하면서 조선시대(朝鮮時代)가 막(幕)을 올리게 되었다.

1392년에 건국(建國)한 조선(朝鮮)은 성리학(性理學)을 정치이념(政治理念)으로 하는 전형적인 양반(兩班) 관료사회(官僚社會)로 발전하였다. 그러나 조선(朝鮮)은 16~17세기에 임진왜란(壬辰倭亂)과 병자호란(丙子胡亂) 등의 국난(國難)을 겪으면서 안보(安保)의 취약성(脆弱性)을 여실(如實)히 드러냈다. 역사(歷史) 기록에 의하면 임진왜란(1592~1598)이 일어나기 훨씬 전부터 조선(朝鮮)은 당파(黨派) 싸움과, 관료(官僚)들의 부정부패(不正腐敗)로 사실상 파탄지경(破綻地境)이었으며, 특히 국방태세(國防態勢)는 유명무실(有名無實)해졌고 부패(腐敗)도 극(極)에 달했던 것을 알 수 있다.

2. 임진왜란(壬辰倭亂)

임진왜란(壬辰倭亂)이 일어나기 전까지 당시 조선(朝鮮)은 주변국(周邊國)을 중심으로 전개되던 국제정세(國際情勢)에도 어두웠다. 일본의 조선(朝鮮)

침략(侵略) 움직임에 대해 전혀 눈치를 못 채고 있었을 뿐 아니라 상황판단도 안일(安逸)했다. 도요토미 히데요시는 조선(朝鮮)에 보낸 국서(國書)에서 정명가도(征明假道) 즉, 조선(朝鮮)의 길을 빌려 명(明)나라를 정벌(征伐)하겠다는 의사를 분명히 했다. 이 같은 일본의 위협(威脅)에도 불구하고 조선(朝鮮)은 대응책을 둘러싸고 국론(國論)이 분열(分裂)되고 논란(論難)만 가중(加重)되어 실질적인 대비(對備)를 하지 못하였다.

선조(宣祖) 25년인 임진년(壬辰年, 1592년)에 왜란(倭亂)이 일어나자 조선(朝鮮)에는 나라를 지킬 수 있는 군대다운 군대가 없었다. 조선(朝鮮)의 군대(軍隊)는 전투(戰鬪)할 의지(意志)도 싸울 능력(能力)도 없었기 때문에 왜군(倭軍)을 보기가 무섭게 도망치기 일쑤였다. 왜군(倭軍)에 의해 수도(首都)인 한양(漢陽)이 함락(陷落)되는 데 20일도 채 걸리지 않았고 불과 두 달 만에 조선(朝鮮) 땅 대부분이 왜군(倭軍)의 수중(手中)에 들어가게 되었다. 선조(宣祖) 임금과 대신(大臣)들은 국경 지방인 의주(義州)까지 피난(避難)을 갔다. 임진왜란(壬辰倭亂) 7년 동안 왜군(倭軍)은 조선(朝鮮) 땅에 머물면서 살인(殺人), 강간(强姦), 약탈(掠奪), 방화(放火) 등 만행(蠻行)을 자행(恣行)했다.

이처럼 조선(朝鮮)은 국론이 분열되고 제대로 된 국방력(國防力)을 키우지 못했다. 결국 적(敵)과 싸울 준비(準備) 즉, 국방태세(國防態勢)가 되어 있지 않았기에 많은 피해를 입고 전(全) 국토(國土)가 왜군(倭軍)의 손에 유린(蹂躪)당하고 말았다.

그러나 그 와중(渦中)에도 거북선을 만들고 화포(火砲)를 개량하여 세계 해전사(海戰史)에 유례(類例)를 찾을 수 없는 불패(不敗)의 신화(神話)를 만든 이순신(李舜臣) 장군의 유비무환(有備無患)의 정신과 필생즉사(必生卽死) 필사즉생(必死卽生)의 임전태세(臨戰態勢), 그리고 의병(義兵)들이 보여준 불굴(不屈)의 호국정신(護國精神)이 있었기에 나라를 지켜낼 수 있었다.

하지만 조선(朝鮮)은 임진왜란(壬辰倭亂)의 교훈(教訓)을 망각(忘却)하고 국방(國防)에 대한 대비(對備)를 소홀(疏忽)히 하였다. 따라서 나라의 비극(悲劇)은 되풀이될 수밖에 없었다. 조선(朝鮮)은 임진왜란(壬辰倭亂)이 끝난 지 30년도 안 되어 후금(後金)의 침략(侵略)으로 정묘호란(丁卯胡亂, 1627)을 맞았고, 그 후 9년 만에 청(淸)나라로 이름을 바꾼 그들의 침략을 받아 병자호란(丙子胡亂, 1636)이라는 치욕(恥辱)의 수난(受難)을 겪어야만 했다.

> "不知彼知己(부지피지기) 一勝一負(일승일부)"
> "적(敵)을 알지 못하고 나를 알면 한 번이기고 한 번은 비긴다."
> ~ 손자병법(孫子兵法) 모공(謀攻) 편 ~

임진왜란(壬辰倭亂) : 이순신(李舜臣) 장군(將軍)

이순신(李舜臣) 장군(將軍)의 본관(本管)은 덕수(德水)이고 자는 여해(汝諧), 시호는 충무(忠武)이다. 1545년(인종 1년)에 서울 건천동(乾川洞, 현재 중구 인현동)에서 태어났다. 1572년 무인(武人) 선발시험인 훈련원(訓鍊院) 별과(別科)에 응시(應試)하였으나 달리던 말에서 떨어져 왼쪽 다리가 부러지는 부상으로 실격(失格)되었다. 32세가 되어서 식년 무과(武科)에 병과로 급제(及第)한 뒤 권지훈련원봉사(權知訓鍊院奉事)로 첫 관직(官職)에 올랐다.

그 후 1589년(선조 22년)에 선전관(宣傳官)과 정읍현감(井邑縣監) 등을 거쳐 1591년(선조 24년)에 유성룡(柳成龍)의 천거(薦擧)로 절충장군, 진도군수 등을 지냈다. 같은 해 전라좌도수군절도사(全羅左道水軍節度使)로 승진한 뒤, 좌수영(左水營)에 부임(赴任)하여 군비(軍備) 확충(擴充)에 힘썼다.

1592년(선조 25년)에 임진왜란(壬辰倭亂)이 일어나자 옥포대첩(玉浦大捷), 사천포(泗川浦) 해전(海戰) 등에서 전공(戰功)을 세우고 자헌대부(資憲大夫)로 품계(品階)가 올라갔다. 같은 해 7월에는 한산도대첩(閑山島大捷)에서 왜선(倭船) 70척을 대파(大破)하는 공을 세워 정헌대부(正憲大夫)에 올랐고 1593년에는 삼도수군통제사(三道水軍統制使)가 되었다.

1597년 왜군(倭軍)은 이중간첩(二重間諜)으로 하여금 '가토 기요마사가 바다를 건너올 것이니 수군(水軍)을 시켜 생포(生捕)하라' 는 거짓 정보를 흘리는 계략(計略)을 꾸몄다. 이를 사실로 믿은 조정(朝廷)의 명령에도 불구하고 이순신(李舜臣)은 왜군(倭軍)의 계략(計略)임을 간파(看破)하여 출동하지 않았다. 이로 인해 이순신(李舜臣)은 파직(罷職)당하고, 한양(漢陽)으로 압송(押送)되어 투옥(投獄)되었다. 사형(死刑)에 처해질 위기까지 몰렸으나 우의정(右議政) 정탁(鄭琢)의 변호(辯護)로 죽음을 면(免)하고 도원수(都元帥) 권율(權慄) 장군 밑에서 백의종군(白衣從軍)하였다.

원균(元均)이 이끄는 조선(朝鮮) 수군(水軍)이 칠천량(漆川梁) 해전(海戰)에서 참패(慘敗)한 후 수군통제사(水軍統制使)로 재임명(再任命)된 이순신은 13척의 함선(艦船)과 빈약(貧弱)한 병력을 거느리고 명량(鳴梁)에서 133척의 왜군(倭軍)과 대결해서 31척을 격파(擊破)하는 대승을 거두었다. 이 승리로 조선(朝鮮)은 다시 해상권(海上權)을 회복(回復)하였다. 1598년 11월에 명(明)나라 장수 진린(陳璘)과 연합하여 노량 해전(露梁海戰)에서 왜군(倭軍)과의 전투 중 왜군(倭軍)의 총탄(銃彈)에 맞아 전사(戰死)하였다.

3. 병자호란(丙子胡亂)

임진왜란(壬辰倭亂) 후 조선(朝鮮)은 선조(宣祖)의 뒤를 이어 즉위(卽位)한 광해군(光海君, 1575~1641)이 대륙(大陸)의 정세를 파악하고 신중한 중립외교를 견지(堅持)하고 있었다. 임진왜란(壬辰倭亂) 중 명(明)나라의 세력에서 벗어난 여진족(女眞族)은 강대한 세력으로 성장하여 마침내 1616년에 후금(後金)을 건국(建國)하였다. 그러나 당시 조선(朝鮮)은 인조반정(仁祖反正)으로 광해군(光海君)이 퇴위(退位)하고 서인(西人) 세력(勢力)이 집권하면서 친명배금(親明背金) 노선(路線)을 분명히 하자 후금(後金)과의 화평은 오래가지 못했다.

후금(後金)의 태종(太宗)은 국호를 청(淸)으로 바꾸고 조선(朝鮮)에 대해서 군신관계(君臣關係)를 요구하기 시작했다. 조선(朝鮮)이 이에 크게 반발(反撥)하며 청(淸)에 대항하자 병자(丙子)년인 1636년(인조 14년)에 청(淸)나라 태종(太宗)이 직접 12만 대군(大軍)을 이끌고 조선(朝鮮)을 침략함으로써 병자호란(丙子胡亂)이 발발(勃發)하였다.

병자호란(丙子胡亂)이 발발하자 인조(仁祖)는 강화도(江華島)로 피난하던 중 남한산성(南漢山城)으로 들어가 항전(抗戰)을 꾀하였다. 그러난 청(淸)나라 군대의 끈질긴 포위공격(包圍攻擊)으로 인해 인조(仁祖)는 남한산성(南漢山城)에 들어간 지 47일 만에 삼전도(三田渡, 지금의 송파)로 내려와서 청(淸)나라 태종(太宗) 앞에 나아가 삼배구고두례(三拜九叩頭禮)의 치욕(恥辱)을 당하며 항복(降伏)하였다.

조선(朝鮮)은 임진왜란(壬辰倭亂)이 끝난 후 7년여 동안, 동북아시아의 정세변화에도 둔감(鈍感)한 채 아무런 대비(對備)를 하지 못했던 것이다. 그 결과 38년 만에 조선(朝鮮) 땅은 다시 전쟁터로 변해 국왕(國王)은 적장(敵將)

에게 치욕적(恥辱的)인 항복의식(降伏儀式)을 해야만 했고, 수 십만 명의 조선(朝鮮) 백성(百姓)들이 포로(捕虜)로 잡혀가 청(淸)나라의 노예(奴隸)가 되어야만 했다. 그 결과, 16세기 후반 약 500만 명으로 추산(推算)되던 조선(朝鮮)의 인구는 임진왜란(壬辰倭亂)과 병자호란(丙子胡亂)을 겪으면서 17세기 중반에 이르러서는 329만 명으로 격감(激減)했다.

병자호란(丙子胡亂)은 우리가 능동적(能動的)이고 실질적(實質的)인 국방(國防) 태세(態勢)를 갖추지 않는다면 변화하는 안보환경(安保環境) 속에서 국가(國家)와 국민(國民)을 지켜낼 수 없다는 사실을 다시 한 번 일깨워 주고 있다.

삼배구고두례(三拜九叩頭禮)의 치욕(恥辱)

1637년(인조 15년), 병자호란(丙子胡亂)이 발발(勃發)한 지 47일 만에 조선왕(朝鮮王) 인조(仁祖)는 항복을 결정하고 남한산성(南漢山城)을 나와 삼전도(三田渡, 지금의 송파)에서 굴욕적(屈辱的)인 항복의식(降伏儀式)을 치렀다.

조선왕(朝鮮王)은 곤룡포(袞龍袍) 대신 평민이 입는 남색 옷으로 갈아입고 세자(世子)를 비롯한 대신(大臣)들과 함께 청(淸)나라 태종(太宗)의 수항단(受降檀)이 마련되어 있는 삼전도(三田渡)에 도착한 후 어가(御駕)에서 내려 무려 2만여 명의 적병(敵兵)이 도열(堵列)하고 있는 사이를 걸어간 후 청(淸)나라 황제(皇帝)를 향하여 세 번 절하고 아홉 번 머리를 조아리는 이른바 삼배구고두례(三拜九叩頭禮)라는 치욕적(恥辱的)인 항복의식(降伏儀式)을 해야만 했다.

청(淸)나라는 1636년(인조 14년) 12월에 12만여 명의 대군(大軍)을 이끌고 압록강(鴨綠江)을 건너 조선(朝鮮)을 침략해 왔다. 그들은 진격로(進擊路) 주변의 성(城)들을 공격하지 않고 곧바로 한성(漢城)으로 직행(直行)했다. 이에 조선(朝鮮)은 조정의 신위(神位)와 빈궁(嬪宮), 왕자(王子)들만 먼저 강화도(江華島)로 피하게 하고 14일에는 인조(仁祖) 임금도 몽진(蒙塵)을 결정했으나 이미 강화도(江華島)로 가는 길이 청(淸)나라 군대에 의해 차단(遮斷)당했다. 인조(仁祖)는 남한산성(南漢山城)으로 몽진(蒙塵)한 후 장기전에 돌입했으나, 당시 남한산성(南漢山城)의 방어능력(防禦能力)은 병사 1만 2천 명에 군량(軍糧)은 약 두 달치에 불과하여 12만 명의 청(淸)나라 군대와 맞서 싸우기에는 역부족(力不足)이었다.

청(淸)나라 태종(太宗)은 남한산성(南漢山城)을 직접 공격하지 않고 성(城)안으로 연결되는 보급로(補給路)를 차단(遮斷)하는 고사(枯死) 작전(作戰)을 택했다. 남한산성(南漢山城)에 혹한(酷寒)으로 동사자(凍死者)가 늘어나고 설상가상(雪上加霜)으로 군량곡(軍糧穀)이 바닥나서 하루도 버티기 어려운 상황에서 강화도(江華島)마저 청(淸)나라 군대에 함락(陷落)됐고 세자(世子)가 인질(人質)로 잡혔다는 소문이 전해오자 결국 인조(仁祖)는 청(淸)나라 태종(太宗)에게 삼배구고두례(三拜九叩頭禮)라는 굴욕(屈辱)적인 항복(降伏)을 하였다.

CHAPTER

02

민족(民族)의 대일항쟁(對日抗爭)

CONENTS

제1절 조선(朝鮮)의 개항(開港)과 국권상실(國權喪失)

1. 조선(朝鮮)의 개항(開港)

역사적(歷史的)으로 19세기는 서양(西洋) 국가들이 막강한 국력을 앞세워 동양(東洋) 국가들을 점령하려는 이른바 서세동점(西勢東占)과 힘이 약한 나라들은 강대국(强大國)들에 의해 지배(支配)당하는 이른바 약육강식(弱肉强食)의 시대라고 할 수 있다.

서양(西洋)의 군사적(軍事的), 경제적(經濟的) 위협(威脅)에 직면했던 일본(日本)은 이러한 현실을 간파(看破)하고 명치유신(明治維新)을 통해 근대화(近代化)를 단행하여 단기간에 부국강병(富國强兵)을 이룰 수 있었다. 그리고 다른 열강(列强)과 같이 무력(武力)을 앞세워 다른 나라를 침략(侵略)하기 시작했고 그 첫 번째 목표가 바로 조선(朝鮮)이었다. 일본(日本)의 강력한 위협에 직면(直面)한 조선(朝鮮)은 운양호(雲揚號, Unyo호) 사건을 계기로 일본에게 동래(東來), 인천(仁川), 원산항(元山港)을 차례로 개항(開港)하고 일본인(日本人)의 치외법권(治外法權)을 인정하는 최초의 불평등(不平等) 조약(條約)인 강화도조약(江華島條約, 1876년)을 체결했다.

조선(朝鮮)은 이후 영국, 독일, 러시아, 프랑스 등의 세계열강(世界列强)들과 차례로 불평등 조약(不平等條約)을 체결하게 되었다.

2. 조선(朝鮮)의 국권상실(國權喪失)

조선(朝鮮) 땅에서의 주도권(主導權)을 차지하기 위한 열강(列强)들의 경쟁이 치열(治熱)해지면서 조선(朝鮮)은 각종 이권(利權)을 침탈(侵奪)당했고 일본이 청일전쟁(淸日戰爭, 1894~1895)과 러일전쟁(1904~1905)을 일으킴으로써 조선(朝鮮) 땅은 열강(列强)들의 전쟁터가 되어야만 했다.

부국강병(富國强兵)은커녕, 치안(治安)조차도 유지할 수 없었던 조선(朝鮮) 정부(政府)는 이를 막을 능력(能力)이 없었다. 스스로 나라를 지키지 못한 결과 일본인들에게 조선(朝鮮)의 국모(國母)인 명성황후(明成皇后)가 시해(弑害)당하는 을미사변(乙未事變, 1895), 고종(高宗) 임금이 신변의 위협을 느껴 러시아 공사관(公使館)으로 옮기는 아관파천(俄館播遷, 1896)과 같은 초유(初有)의 사태가 벌어졌다.

그런 와중(渦中)에서도 나라의 위기(危機)를 극복(克服)한 고종(高宗) 임금은 1897년에 국호(國號)를 대한제국(大韓帝國)으로 바꾸고 황제(皇帝)에 즉위(卽位)하며 개혁을 추진하였다. 그러나 청일전쟁(淸日戰爭)과 러일전쟁에서 잇따라 승리한 일본은 대한제국(大韓帝國)에 대한 내정간섭(內政干涉)을 노골적(露骨的)으로 하기 시작했고, 1905년 을사늑약(乙巳勒約)으로 마침내 대한제국(大韓帝國)의 외교권(外交權)을 박탈(剝奪)하고, 헤이그 특사 사건을 계기로 1907년에 정미조약(丁未條約)을 강요하여 군대(軍隊)를 해산(解散)시켰다. 그리고 1910년 8월 29일에 합병조약(合倂條約)이 공표(公表)되면서 대한제국(大韓帝國)은 일제(日帝)의 식민지(植民地)로 전락(轉落)하고 말았다.

한일합병조약(韓日合拼條約)이 공표되면서 일제(日帝)는 대한제국(大韓帝國)에 대한 간섭(干涉)과 침략행위를 더욱더 노골화(露骨化)하기 시작했다. 일제(日帝)의 침략(侵略)이 본격화되는 동안 전국(全國) 각지(各地)에서는 국권(國權)을 되찾기 위한 의병운동(義兵運動)이 일어났다. 의병(義兵)은 1894년부터 1910년대 중반까지 광범위한 계층이 호응한 가운데 일제(日帝)

의 침략에 맞서 싸웠다. 특히 군대(軍隊) 해산(解散) 이후 군인들이 의병운동(義兵運動)에 참여하면서 전력(戰力)이 증강되어 치열(治熱)한 투쟁이 전개되었다. 일본군의 대대적인 진압작전(鎭壓作戰)으로 국내에서의 활동이 어려워진 의병(義兵)들은 만주(滿洲)와 연해주(沿海州) 지역으로 이동하여 항일(抗日) 투쟁(鬪爭)을 계속함으로써 무장(武裝) 독립운동(獨立運動)의 선구(先驅)가 되었다.

> "見利思義 見危授命(견리사의 견위수명)"
>
> "이득 앞에서는 정의를 생각하고, 위기 앞에서는 목숨을 바친다."
>
> ~ 안중근 ~

제2절 대한민족(大韓民族)의 항일투쟁(抗日鬪爭)

1. 3·1 만세운동(萬歲運動)

일제(日帝)는 대한제국(大韓帝國)의 국권(國權)을 침탈(侵奪)한 직후부터 무단통치(武斷統治)로 일관하였다. 우리 국민을 위협할 목적으로 헌병(憲兵), 경찰(警察)은 물론이고 일반 관리와 학교 교원(敎員)까지 제복(制服)과 제모(制帽)를 착용하고 착검(着劍)까지 하였다. 무단통치(武斷統治)에 대한 우리 국민의 불만은 마침내 1919년 3·1 만세운동이라는 민족적(民族的) 대일항쟁(對日抗爭)으로 폭발하였다. 이에 놀란 일제(日帝)는 총독(總督)을 경질(更迭)하고 이른바 문화통치(文化統治)로 전환하는 모습을 보이는 등 유화정책(宥和政策)을 펼치는 듯하였으나, 이는 국민의 불만을 누그러뜨리고 더욱 교묘(巧妙)한 방식으로 지배하려는 것이었다.

2. 임시정부수립(臨時政府樹立)과 무장투쟁(武裝鬪爭)

3·1 운동의 영향으로 1919년 9월에 중국의 상해(上海)에서 이승만(李承晩)을 임시(臨時) 대통령(大統領)으로 하는 대한민국(大韓民國) 임시정부(臨時政府)가 출범하였다. 임시정부는 1945년 광복까지 27년간 민족의 대표기관으로서 독립운동을 전개했다. 특히 임시정부(臨時政府) 수립(樹立) 직후부터 독립전쟁(獨立戰爭) 수행을 위해 간부(幹部)를 양성하고 만주 지역(滿洲地域)의 독립군과 연계하는 등의 군사 활동을 적극 추진해 나갔고 1940년에는 한국(韓國) 광복군(光復軍)을 창설(創設)하였다.

1910년 경술국치(庚戌國恥) 이후 우리 민족은 만주(滿洲), 연해주(沿海州) 등지에서 국외 독립운동 기지를 건설하여 일제(日帝)와의 무장(武裝) 투쟁(鬪爭)을 위한 독립군(獨立軍) 양성에 힘을 기울였다. 이를 바탕으로 1920년대에는 홍범도(洪範圖) 장군이 지휘하는 대한독립군(大韓獨立軍)이 봉오동(鳳梧洞) 전투에서 대승을 거두었고, 김좌진(金佐鎭) 장군(將軍)이 지휘(指揮)하는 북로군정서(北路軍政署)와 함께 청산리(靑山里) 전투(戰鬪)에서 일본군을 상대로 대승(大勝)을 거두었다.

1930년대에는 지청천(池靑天) 장군이 지휘하는 한국독립군(韓國獨立軍)이 일본군을 상대로 쌍성보 전투(1932. 9), 대전자령 전투(1933. 7), 동경성 전투(1933. 7) 등에서 일본군에게 큰 타격을 입혔다. 또한 양세봉(梁世奉) 장군이 지휘하는 조선혁명군(朝鮮革命軍)이 한중연합(韓中聯合) 전선(戰線)을 구축(構築)하여 영릉가성 전투(1932. 3), 홍경성 전투(1933. 6) 등을 벌이며 일본군에게 큰 타격(打擊)을 가했다. 광복군(光復軍)은 창설 이후 영국군과 함께 인도 미얀마 전선(戰線)에 참전(參戰)하며 군사적 역량(力量)을 키워 나갈 수 있는 발판을 마련하였다.

우리 민족은 일제(日帝)의 침략을 받자마자 의병(義兵)을 조직하여 항전(抗戰)하였고, 이후 독립군(獨立軍)을 거쳐 광복군(光復軍)에 이르기까지 일제(日帝)와의 무장투쟁(武裝鬪爭)을 최선의 방략(方略)으로 삼았다. 당시 일제(日帝)의 군사력과 비교하면 무모(無謀)할 수도 있는 독립전쟁(獨立戰爭)이었지만 '우리 스스로의 힘으로 싸우지 않는 한 우리를 도와줄 나라는 없다'는 절박(切迫)한 심정으로 투쟁해 나가는 것 외에는 다른 방도(方道)가 없었다.

비록 우리나라는 제2차 세계대전(世界大戰)에서 승전국(勝戰國)의 지위(地位)를 인정받지는 못했지만 1943년 카이로 선언(宣言)을 통해 세계열강

(世界列强)이 대한민국(大韓民國)의 독립(獨立)을 보장(保障)한 것은 열강(列强)이 식민지(植民地)의 해방(解放)을 결의한 유일한 사례임을 상기할 필요가 있다.

> "有史有國 無史無國(유사유국 무사무국)"
> "역사가 있으면 나라가 있고, 역사가 없으면 나라도 없다."
> ~ 단재(丹齋) 신채호(申采浩) ~

CHAPTER

03

대한민국(大韓民國) 정부수립(政府樹立)

CONENTS

제1절 남북분단(南北分斷)과 정부수립(政府樹立)

1. 광복(光復)과 분단(分斷)

제2차 세계대전(世界大戰)의 전세(戰勢)가 종전(終戰)으로 다가갈수록 연합국(聯合國)의 승리(勝利)가 눈앞에 가시화(可視化)되기 시작하면서부터 일본의 패망(敗亡)을 예견(豫見)한 연합국(聯合國)은 일제(日帝)의 식민지(植民地) 상태로부터 한반도(韓半島)를 독립시키는 방안에 대해 논의하기 시작했다. 미국과 영국, 중국은 1943년 카이로에서 개최된 3국 정상(頂上) 회담(會談)에서 대한민족(大韓民族)을 일본의 식민(植民) 지배(支配)로부터 해방(解放)시키되 적절한 과정을 거쳐서 독립(獨立)시키기로 합의했다.

일본이 패전(敗戰)하자 1945년 8월, 일본군의 무장해제(武裝解除)를 위해 남쪽은 미군(美軍)이, 북쪽은 소련군(蘇聯軍)이 각각 주둔(駐屯)하게 되었는데 미군(美軍)과 소련군(蘇聯軍) 간의 군사분계선(軍事分界線)으로 북위(北緯) 38도선을 책정(策定)하였다.

군사분계선(軍事分界線)인 북위(北緯) 38도선을 최종 획정(劃定)하는 일은 일본(日本)의 항복(降伏)에 임박(臨迫)하여 미국이 주도(主導)하였다. 이는 미군과 소련군 간에 군사분계선(軍事分界線)을 미리 설정해 놓으면 지리적(地理的)으로 한반도(韓半島)와 가까운 소련군이 미군이 주둔하기 전에 한반도(韓半島) 전체(全體)를 점령(占領)할 우려(憂慮)가 있었기 때문이었다.

소련군 점령(占領)하에 북쪽은 빠른 속도로 소련(蘇聯)의 위성국가(衛星國家)로 전락(顚落)하기 시작했다. 소련군은 북한 점령 직후 북위(北緯) 38도선 이남(以南)과 이북(以北) 간의 왕래 및 교류를 제한하고 통신(通信)을 차단

(遮斷)하였다. 또한 남북을 연결하는 경원선(京元線)과 경의선(京義線) 철도를 차단했으며 남북 간의 우편물(郵便物) 교환(交換)을 금지했다.

1945년 9월 14일에는 북한(北韓) 주둔(駐屯) 소련군사령부(蘇聯軍司令部)에서 인민정부수립요강(人民政府樹立要綱)을 발표하며 북한에 궁극적(窮極的)으로 공산주의체제(共産主義體制)를 이식(移植)시키려는 의지를 갖고 있음을 천명(闡明)했다. 인민정부수립요강(人民政府樹立要綱)에서 알 수 있듯이 만일 미군(美軍)의 군사분계선(軍事分界線) 조치(措置)가 없었다면 남한 역시 공산주의체제(共産主義體制)로 흡수(吸收)되었을 것이다.

2. 신탁통치(信託統治)와 좌우익(左右翼)의 갈등(葛藤)

1945년 12월에 모스크바에서 미국과, 영국, 소련은 제2차 세계대전(世界大戰) 전후 처리와 관련된 문제들을 논의하기 위해 이른바 모스크바 3상회의(三相會議)를 개최하였다.

미국과 소련이 분할(分割) 점령(占領)한 한반도(韓半島)의 독립문제에 관한 협상은 점령 당사자인 미국과 소련 사이에서 이루어졌는데 이 두 나라는 한반도(韓半島)를 카이로 회담과 테헤란 회담에서 합의한 대로 4개국 신탁통치(信託統治)를 거쳐 독립시킨다는 데 명시적(明示的)으로 합의(合意)했다. 이 모스크바 회담에서 가장 중요한 내용은 미소공동위원회(美蘇共同委員會)를 통해 한반도에 임시 통일정부(統一政府)를 구성한다는 것과 한반도에 5년까지 미국, 영국, 소련, 중국 등 4개국이 신탁통치(信託統治)를 실시한다는 것이었다.

대다수의 우리 국민들은 신탁통치(信託統治)에 대하여 결사반대(決死反對)하였다. 반탁운동(反託運動)을 선도한 것은 대한민국(大韓民國) 임시정부(臨時政府) 계열을 중심으로 한 우익진영(右翼陣營)이었다. 이들은 비상(非常) 국민회의(國民會議)를 소집하며 신탁통치(信託統治)에 적극적(積極的)으로 반대(反對)해 나갔다. 남한의 좌익진영(左翼陣營) 역시 처음에는 신탁통치(信託統治) 반대 입장을 표명(表明)하였으나 모스크바 협정을 지지하라는 소련의 지령(指令)이 뒤늦게 도착한 이후 종전(從前)의 반탁(反託) 입장을 번복(飜覆)하고 신탁통치(信託統治)를 찬성(贊成)하였다.

국내 정치세력들이 모스크바 협정을 둘러싸고 찬성파(贊成派)와 반대파(反對派)로 분열되어 격렬(激烈)하게 투쟁(鬪爭)하고 있는 가운데 미국과 소련은 모스크바 협정을 실천하기 위한 미소공동위원회(美蘇共同委員會) 소집을 준비했다. 바로 이 시기에 북한 주둔 소련군과 북조선(北朝鮮) 공산당(共産黨) 지도부는 1946년 2월에 사실상의 북한(北韓) 단독정권(單獨政權)인 '북조선임시인민위원회(北朝鮮臨時人民委員會)'를 설립했다.

북조선임시인민위원회(北朝鮮臨時人民委員會)는 설립되자마자 북한을 공산주의화(共産主義化)하기 위한 개혁에 착수했다. 토지(土地)를 몰수(沒收)하여 무상(無償)으로 국유화(國有化)한 후 농민에게 경작권(耕作權)을 배분(配分)하는 급진적(急進的) 토지개혁(土地改革)을 실시하는 한편, 중요 산업을 국유화(國有化)했고 공산주의체제(共産主義體制) 건설에 반대하는 우익(右翼) 인사(人士)들에 대한 대대적인 숙청(肅淸)을 단행했다. 북조선임시인민위원회(北朝鮮臨時人民委員會)는 이처럼 북한 단독정권(單獨政權)을 수립하고 공산주의(共産主義) 국가 건설을 위한 준비를 철저히 해 나갔다.

한편, 남한에서는 모스크바 협정에 따라 한반도 임시(臨時) 통일정부(統一政府) 구성을 추진하기 위한 미소공동위원회(美蘇共同委員會)가 진행되었다. 위원회에 임하는 미국과 소련의 입장은 크게 달랐다. 미국은 임시정부(臨時政府) 구성에 참여하는 정당(政黨)과 사회단체(社會團體)에 대한 아무런 제한을 가하지 않았다. 그러나 소련은 신탁통치(信託統治)를 지지(支持)하는 정치세력(政治勢力)만이 임시정부(臨時政府) 구성(構成)에 참여해야 한다는 입장을 고수(固守)함으로써 제1차 미소공동위원회(美蘇共同委員會)는 결렬(決裂)되고 말았다.

3. 대한민국(大韓民國) 정부수립(政府樹立)

제1차 미소공동위원회(美蘇共同委員會)가 결렬(決裂)된 후 소련군과 북한 공산세력은 북한(北韓)의 공산주의화(共産主義化) 작업을 한층 더 강력하게 추진했다. 1946년 2월에는 북조선임시인민위원회(北朝鮮臨時人民會議)를 구성한 후 김일성(金日成)을 위원장으로 하는 북한 지역의 정식 정부인 북조선인민위원회(北朝鮮人民委員會)가 출범하였다. 북한에 정식으로 입법부(立法府)와 행정부(行政府)가 설립되면서 남북한 간의 정치적, 경제적, 사회적 이질성(異質性)이 더욱 심화되었다.

1947년 5월에는 제2차 미소공동위원회(美蘇共同委員會)가 서울에서 개막(開幕)되었지만 이 역시 결렬(決裂)되자 한반도 문제를 조속(早速)하게 마무리 짓고자 했던 미국은 새로운 방법으로 한반도(韓半島) 문제를 해결하려고 하였다.

1947년 9월에 미국은 한반도 문제를 유엔총회에 이관(移管)하였고 결국 그 해 11월에 유엔총회는 한반도 문제에 관한 결의(決議)를 채택(採擇)하였다.

유엔총회의 결의에 따라 유엔 한국(韓國) 임시위원단(臨時委員團)이 남북한 총선거(總選擧)를 준비(準備)하고 감시(監視)하기 위하여 서울에 도착하였다. 그러나 소련이 유엔 위원단(委員團)의 북한 방문을 거부(拒否)함으로써 북한 지역에서는 활동을 하지 못하였다.

이어서 1948년 2월 26일에 유엔총회는 유엔 위원단(委員團)에게 남한에서 총선거(總選擧)를 실시할 것을 결의함으로써 한반도(韓半島)에서 유엔 결의에 따른 합법적(合法的)인 정부(政府)가 수립(樹立)될 수 있게 되었다.

1948년 5월 10일 선거에서 당선된 198명의 제헌의회(制憲議會) 의원(議員)들은 5월 31일 국회를 개원하여 이승만(李承晩)을 국회의장(國會議長)으로 선출했다. 제헌의원(制憲議員)들은 6월 3일부터 헌법(憲法) 제정(制定) 작업을 개시하여 7월 17일에 헌법(憲法)을 공포(公布)했다. 제정된 대한민국(大韓民國) 헌법(憲法)에 따라 7월 20일에 국회에서 대통령 선거가 실시되었다. 여기에서 이승만(李承晩)이 초대(初代) 대통령(大統領)에 당선되어 24일에 취임하였으며 8월 4일까지 행정부(行政府) 구성을 완료하였다.

1948년 8월 15일, 대한민국(大韓民國) 정부수립(政府樹立)이 선포(宣布)되면서 대한민국(大韓民國) 정부(政府)는 이날 밤 자정(子正)을 기해 공식적(公式的)으로 미군정(美軍政)으로부터 통치권(統治權)을 완전히 인수(引受)하였다. 이로써 대한민국(大韓民國)은 완전(完全)한 자주독립국가(自主獨立國家)로 출발하게 되었다.

"國武常强(국무상강) 無常弱(무상약)"

"항상 강한 나라도 없고, 항상 약한 나라도 없다."

~ 한비자(韓非子) ~

제2절 대한민국(大韓民國)의 정통성(正統性)

정통성(正統性, Legitimacy)이란, 국민에 대한 통치권(統治權) 행사의 합법성(合法性)과 정치체제(政治體制)의 정당성(正當性)을 제시하고 전통(傳統)과 문화(文化)에 대해 올바르다고 인정하는 논리적 근거를 말한다. 즉, 정통성(正統性)은 어떤 정치체제(政治體制) 또는 국가권력(國家權力)의 정당성(正當性)과 합법성(合法性)의 준거(準據)가 되고 구성원들의 자발적(自發的) 복종(服從)을 이끌어 내는 중요한 요소인 만큼 역사(歷史)를 해석(解釋)하고 현재와 미래를 준비하는 입장에서 결코 소홀(疏忽)히 다루어져서는 안 될 것이다.

1. 역사적(歷史的) 정통성(正統性)

우리나라의 헌법(憲法) 전문(全文)에는 "3 · 1 운동으로 건립(建立)된 대한민국(大韓民國) 임시정부(臨時政府)의 법통(法統)과 불의(不義)에 항거(抗拒)한 4. 19 민주 이념을 계승(繼承)하고"라고 적시(摘示)하여 3 · 1 운동을 민족사적(民族史的) 정통성(正統性)의 근간(根幹)으로 하고 있음을 분명히 하고 있다.

그러나 북한(北韓)은 3 · 1 운동을 "자본가의 이익을 대변한 부르주아의 계급투쟁(階級鬪爭)"이라고 규정함으로써 민족운동이 아닌 계급투쟁사(階級鬪爭史)의 관점에서 보고 있다. 그러면서 왜곡(歪曲)된 김일성(金日成)의 항일(抗日) 무장투쟁사(武裝鬪爭史) 위주로만 독립운동(獨立運動)의 정당성(正當性)을 주장하고 있다.

이처럼 대한민국(大韓民國)은 민족사(民族史)에 있어서 최대의 거족적(擧族的)인 운동이라고 평가받는 3·1 운동의 정신과 임시정부(臨時政府)의 법통(法統)을 계승(繼承)하고 있다는 점에서 역사적(歷史的) 정통성(正統性)을 확보하고 있는 것이다.

2. 정치적(政治的) 정통성(正統性)

대한민국(大韓民國)은 자유민주주의(自由民主主義) 정치체제(政治體制)로서 민주공화국(民主共和國)으로 건국(建國)되었으며, 국민의 재산권(財産權)과 경제활동(經濟活動)의 자유(自由)를 보장(保障)하는 시장경제체제(市場經濟體制)로 출발하였다. 광복(光復) 직후(直後)에는 건국의 방향을 둘러싸고 공산주의(共産主義)가 더 훌륭한 체제라고 생각하는 사람도 적지 않았다. 그러나 오늘날 우리는 개인(個人)의 자유(自由)와 재산권(財産權)을 존중하고 그것을 국가체제의 기본 원리로 채택한 자유민주주의(自由民主主義)와 시장경제체제(市場經濟體制)가 인간의 물질적(物質的) 복지(福祉)와 정신적(精神的) 행복(幸福)을 증진하는 올바른 방향이었음을 잘 알고 있다.

반면에, 북한(北韓) 정권(政權)이 채택한 모두가 골고루 잘 산다는 공산주의(共産主義)의 이상(理想)은 자유(自由)와 합리적(合理的) 이기심(利己心)이라는 인간의 본성과 맞지 않았다. 계급(階級), 당(黨), 국가(國家)를 우선하는 전체주의(全體主義) 관료적(官僚的) 지배체제하에서 개인의 자유로운 정신과 창의성(創意性)은 억압(抑壓)되었으며 결과적으로 모두가 빈곤(貧困)해지고 말았다.

공산주의체제(共産主義體制)는 1980년대 이후 소련, 중국과 같은 주요 공산주의 국가들이 시장경제체제(市場經濟體制)로 전환함에 따라 해체(解體)

되고 말았다. 그러나 북한(北韓)은 아직도 공산주의체제(共産主義體制)를 고수(固守)하고 있으며 그에 따라 정치적(政治的) 억압(抑壓)과 경제적(經濟的) 빈곤(貧困)이 계속되고 있다.

자유민주주의(自由民主主義)와 시장경제체제(市場經濟體制)를 바탕으로 대한민국(大韓民國)은 세계(世界) 최빈국(最貧國) 수준에서 세계 10위권의 경제대국(經濟大國)으로 성장하였다. 건국(建國)의 기초(基礎) 이념(理念)을 충실히 발전시킴으로써 오늘날과 같은 안정(安定)과 번영(繁榮)을 이루게 된 것이다.

3. 국제적(國際的) 정통성(正統性)

광복(光復) 이후 남북한 두 정부는 국제사회(國際社會)에서 정통성(正統性)을 얻기 위해 치열(治熱)한 경쟁을 벌였다. 그 결과 1948년 12월 12일 유엔총회는 미국의 주도 아래 대한민국(大韓民國)에 관한 결의문을 찬성 48, 반대 6, 기권 1의 압도적(壓倒的)인 수로 채택하였다. 북한(北韓)의 경우 유엔으로부터 이러한 승인(承認)을 받지 못하고 일부 공산주의(共産主義) 국가들로부터 승인(承認)받는 데 그쳤다. 이것은 오늘날에 이르기까지 대한민국(大韓民國) 정부에 정치적(政治的) 정통성(正統性)과 합법성(合法性)을 부여(附與)하는 근거가 되고 있으며, 대한민국이 한반도(韓半島)에서 유일(唯一)한 합법정부(合法政府)라는 법적(法的) 근거(根據)가 되고 있다.

대한민국(大韓民國)은 유엔 승인 이후 미국을 비롯한 자유 우방 50여 개국으로부터 각각 승인(承認)을 받음으로써 그 정통성(正統性)을 확고(確固)히 하게 되었으며, 6.25 전쟁 당시 유엔은 북한(北韓)을 침략자(侵略者)로 규정함으로써 북한 정권의 비정통성(非正統性)을 국제적(國際的)으로 확인(確認)시켜 주었다.

4. 문화적(文化的) 정통성(正統性)

대한민국(大韓民國)의 건국(建國)은 우리 민족의 문화적(文化的) 전통(傳統)을 계승・발전시킬 수 있는 국가적(國家的) 토대(土臺)를 만들어 주었다. 반면 북한(北韓)은 사회주의(社會主義) 헌법(憲法) 제43조에서 "후대들을 사회와 인민을 위하여 견결(堅決)한 혁명가(革命家)로 지덕체를 갖춘 공산주의(共産主義)적 새 인간(人間)으로 키운다."라고 명시하고 있다. 북한주민을 '김일성 민족' 이라고 부르며 한민족(韓民族)으로부터 분리함으로써 민족 고유(固有)의 전통(傳統)과 단절(斷切)을 선언한 것이다. 국가 상징물(象徵物)인 국기(國旗), 국가(國歌), 국화(國花)의 계승(繼承) 차원(次元)에서도 대한민국(大韓民國)과 북한(北韓)은 그 방향을 달리 하고 있다.

가. 국기(國旗)

대한민국의 국기(國旗)는 태극기(太極旗)이다. 태극기(太極旗)는 1882년 박영효(朴泳孝)가 일본에 수신사(修信使)로 갔을 때 처음 사용되었고 이듬해인 1883년에 고종(高宗) 임금이 태극(太極) 4괘(掛)가 그려진 기를 국기(國旗)로 사용한다고 공포(公布)함으로써 우리나라 국기(國旗)로 확정되었다.

반면, 북한(北韓)은 광복(光復) 직후(直後)까지 태극기(太極旗)를 국기(國旗)로 사용하다가 소련에서 인공기(人共旗)를 제작하여 하달하자 그동안 사용하던 태극기(太極旗)를 버리고 인공기(人共旗)를 쓰게 되었다.

나. 국가(國歌)

대한민국의 국가(國歌)는 애국가(愛國歌)이다. 애국가(愛國歌)는 1936년 독일에서 유학을 하던 안익태(安益泰) 선생이 작곡(作曲)하였고 대한민국(大韓民國) 정부(政府)가 수립(樹立)되면서 국가(國歌)로 제정(制定)되었다. 애국가(愛國歌)는 일제(日帝)의 억압(抑壓)으로부터 조국(祖國)의 독립(獨立)과 자주(自主) 의식(意識)을 함양(涵養)하기 위해 불려 왔고 오늘에 이르기까지 대한민국(大韓民國)의 국가(國歌)로서 국민들에게 애창(愛唱)되고 있다. 하지만, 북한(北韓)의 경우 국가(國歌)는 있지만 김일성(金日成) 일가(一家)에 대한 충성심(忠誠心)을 고취(鼓吹)하기 위한 노래를 만들어 부르고 있다.

다. 국화(國花)

대한민국의 국화(國花)는 무궁화(無窮花)이다. 무궁화(無窮花)는 예로부터 우리나라의 광범위(廣範圍)한 지역에서 관상수(觀賞樹)로 재배되어 왔고 우리 겨레의 민족성(民族性)을 대표하는 꽃으로 인식되면서 자연스럽게 나라의 꽃으로 인정받게 되었다. 또한 무궁화(無窮花)는 우리 국민과 애환(哀歡)을 같이하며 겨레의 얼과 민족정신(民族精神)을 상징(象徵)하는 꽃으로 확고하게 부각(浮刻)되었고 고통(苦痛) 속의 민족에게 희망(希望)을 심어 주며 대한민국(大韓民國)의 국화(國花)로 자리 잡게 되었다. 반면, 북한(北韓)은 김일성이 좋아했다는 이유로 목란(木蘭)을 국화(國花)로 지정(指定)하여 사용하고 있다.

CHAPTER

04

자유민주주의(自由民主主義) 대한민국(大韓民國)

CONENTS

제1절 자유민주주의(自由民主主義) 이념(理念)

자유민주주의(自由民主主義)는 인간(人間)의 존엄성(尊嚴性)에 대한 믿음을 전제로 하여 자유(自由)·평등(平等)·사회정의(社會正義) 및 복지(福祉)의 가치를 정치·경제·사회의 각 분야에서 최대한으로 실현하고자 하는 정치이념(政治理念)이며 제도(制度)다. 이를 보다 구체적으로 살펴보면 다음과 같다.

1. 자유(自由)

가. 자유(自由)의 개념

자유(自由)의 사전적(辭典的) 의미는 '외부적(外部的)인 구속(拘束)이나 무엇에 얽매이지 않고 자기 마음대로 할 수 있는 상태'를 의미한다. 자유(自由)라는 용어는 여러 가지 의미로 사용될 수 있지만 사회적(社會的)·정치적(政治的)인 의미에서 논할 때 대략 다음 세 가지의 질문을 던지게 된다. 즉 '누구를 위한 자유인가?', '무엇으로부터 자유인가?', '무엇을 할 수 있는 자유인가?'이다.

첫째, 누구를 위한 자유(自由)인가?

여기서의 자유(自由)는 개인(個人)을 위한 기본적(基本的)인 자유(自由)를 말한다. 개인이 자유롭다 함은 개인(個人)의 독립성(獨立性)을 말하는 것으로 자기 생활에서 여러 가지 결심(決心)을 하고 그 결심한 바를 실행(實行)해 나가는 데 있어서 아무런 제약(制約)이나 구속(拘束)을 받지 않거나 가장 적게 받는 상태를 말한다.

둘째, 무엇으로부터 자유(自由)인가?

자유(自由)는 개인(個人)이 타인(他人)으로부터의 강요(强要), 구속(拘束), 억압(抑壓) 또는 간섭(干涉) 등을 받지 않을 자유를 의미하고 이것들이 법적으로 보장받았을 경우에 인간의 기본권(基本權) 보장(保障)이라고도 한다.

셋째, 무엇을 할 수 있는 자유(自由)인가?

여기서의 자유(自由)는 자기(自己) 의사(意思)에 따라 무엇을 선택(選擇)하고 행동(行動)하는 힘과 능력의 소유(所有)뿐만 아니라 이를 사용(使用)할 수 있는 기회(機會)를 가지는 것까지도 포함(包含)한다.

그러나 자유(自由)라고 해서 개인이 무엇이나 자기 마음대로 할 수 있는 무제한(無制限)의 자유(自由)를 의미하지는 않는다. 무제한(無制限)의 자유(自由)는 타인(他人)의 자유(自由)와 갈등(葛藤)을 빚게 되고 기본권(基本權) 불가침(不可侵)의 법칙에 스스로 모순(矛盾)되기 때문이다. 그래서 사회적・정치적 제약(制約)이 불가피(不可避)하고 이러한 제약 속에서 사회의 법과 질서가 유지된 가운데 개인의 자아실현(自我實現)이 가능하게 된다.

나. 자유에 대한 제약(制約)

자유민주주의(自由民主主義)가 추구(追求)하는 자유(自由)는 평등(平等)의 원리(原理)에 의하여 제약(制約)을 받으며 자유롭게 선택한 행위의 결과에 대한 사회적(社會的) 책임(責任)에 의하여 제약(制約)을 받는다. 자유는 오직 타인(他人)의 자유(自由)를 자기의 자유와 마찬가지로 인정하고 존중하는 평등(平等)과 호혜균등(互惠均等)의 원칙 아래에서만 누릴 수 있다. 다시 말해서, 자유로운 행위는 다른 사람의 자유와 양립(兩立)할 수 있는 조건하에서만 성립된다. 진정(眞正)한 자유는 책임(責任)이 따른다는 의미이다.

'~을 할 수 있는' 자유를 허용하되 그 선택된 자유(自由) 행위(行爲)에 대한 책임(責任)을 물음으로써 무책임(無責任)한 자유(自由), 즉 방종(放縱)을 제약(制約)할 수 있다.

2. 평등(平等)

가. 평등(平等)의 개념

평등(平等)은 인간의 존엄성(尊嚴性)에 대한 평등(平等)으로 인간은 누구를 막론(莫論)하고 자기의 고유한 인격(人格)과 다른 사람이 침해(侵害)할 수 없는 존엄성(尊嚴性)을 가지고 태어났기 때문에 수단으로 취급되지 않고 목적 그 자체로 대우를 받아야 한다는 것이다. 일반적으로 민주주의(民主主義)에서의 평등(平等)은 정치적(政治的) 평등(平等), 법(法) 앞에서의 평등(平等), 기회균등(機會均等), 경제적(經濟的) 평등(平等)과 사회적(社會的) 평등(平等)으로 구분된다.

첫째, 정치적(政治的) 평등(平等)은 모든 국민이 정치(政治)에 참여(參與)할 수 있는 평등(平等)한 기회(機會)를 요구하는 것으로 선거권(選擧權)과 피선거권(被選擧權)에 대한 평등(平等)을 의미한다.

둘째, 민주주의(民主主義)는 법(法) 앞의 평등(平等)을 요구한다. 법은 특수한 몇 사람이나 소수 지배층을 위하여 만들어진 것이 아니라 모든 국민을 위하여 제정되었기 때문에 만인(萬人)은 법(法) 앞에서 평등(平等)한 대우(待遇)를 받아야 한다. 이는 민주주의(民主主義)가 실현되지 않는 사회에서 법제도가 특정인(特定人)이나 특정계층(特定階層)의 이익(利益)을 위해 제정(制定)되고 운용(運用)되는 것과 비교될 수 있다.

셋째, 기회균등(機會均等)의 원리는 개인이 각자의 능력과 소질(素質)에 따라 계층 변동이 가능하고 자아실현(自我實現)이 가능해야 함을 요구한다. 개인의 소질(素質)을 계발(啓發)하고 성취하는 데 있어서 종족(種族)이나 혈통(血統), 종교(宗敎) 등이 인위적(人爲的)인 장애(障礙)가 되어서는 안 된다는 것이다.

넷째, 경제적(經濟的) 평등(平等)은 누구나 동일(同一)한 수입(收入)을 보장받아야 하는 절대적(絕對的) 평등(平等)이나 분배(分配)가 아니라 각 개인의 안정된 경제생활을 영위(營爲)할 수 있는 최소한(最小限)의 수준이 보장되어야 함을 의미한다. 이는 국민 각자에게 노동(勞動)과 직업(職業) 선택(選擇)의 균등(均等)한 기회(機會)를 부여(賦與)하고 동일한 일에 대하여 동일(同一)한 보수(報酬)로 대우받는 것을 요구하는 평등이다.

다섯째, 사회적(社會的) 평등(平等)은 종족(種族), 가문(家門), 종교(宗敎) 등에 의해 사회적(社會的)으로 차별(差別)을 받지 않아야 함을 뜻한다.

나. 자유(自由)와 평등(平等)의 관계

민주주의(民主主義)는 자유(自由)의 이념(理念)과 평등(平等)의 이념(理念)을 축(軸)으로 하여 다양성(多樣性)을 추구하고 발전하는 인본주의적(人本主義的) 사회를 지향한다. 자유주의(自由主義)와 평등주의(平等主義)가 각각 극단화되었을 경우는 어떤 문제점이 발생할까? 자유로부터 파생되는 두 극단(極端)은 독재(獨裁)와 무정부(無政府) 상태이다. 독재(獨裁)는 개인의 자유에 대한 과도한 통제나 억제(抑制)의 상태인 반면, 무정부(無政府) 상태는 개인의 자유를 무한정 허용(許容)함으로써 오는 혼란(混亂)과 무질서(無秩序)이다.

한편, 평등(平等)의 두 극단(極端)은 획일(劃一)과 특권(特權)이라고 할 수 있다. 획일(劃一)은 개인의 능력(能力)과 소질(素質)을 무시(無視)하고 모두를 동등하게 취급하는 절대적(絕對的) 평등(平等)의 상태이고, 특권(特權)은 타인의 불평등(不平等)이나 불이익(不利益)을 통하여 소수가 이익의 독점(獨占)이나 절대적(絕對的) 자유(自由)를 누리는 불합리(不合理)하고 정의(正義)롭지 않은 상태이다.

독재(獨裁)와 무정부(無政府) 상태, 그리고 획일(劃一)과 특권(特權)은 모두 자유민주주의(自由民主主義)의 적(敵)이다. 자유민주주의(自由民主主義)를 가능하게 하려면 극단(極端)을 피한 중용점(中庸點)에서 자유(自由)와 평등(平等)이 상호(相互) 견제(牽制) 하에 조화(調和)를 이루어야 한다.

3. 복지(福祉)의 이념과 사회정의(社會正義)

가. 복지(福祉)의 이념(理念)

자유(自由)와 평등(平等)을 이념적(理念的) 바탕으로 하는 민주주의(民主主義)가 초기에는 자유방임(自由放任)형 개인주의 형태로 발전하면서 정치적 불안정, 빈부(貧富) 격차(隔差)의 심화, 사회적 연대감(連帶感)의 붕괴(崩壞), 리더십의 결핍(缺乏) 등을 초래하여 파시즘(fascism) 및 공산주의(共產主義) 등장 같은 전체주의(全體主義)의 도전(挑戰)을 받았다.

따라서 현대 민주주의(民主主義)는 국가의 기능(機能)과 역할(役割)을 강화하고 자유(自由)와 평등(平等)을 최대다수(最大多數)의 최대행복(最大幸

福)으로 대변(代辨)되는 공리주의(公理主義)의 원리에 따라 조화시킴으로써 사회(社會)의 빈곤(貧困), 불결(不潔), 무지(無知), 질병(疾病), 나태(懶怠) 등을 해결해야 하는 과제를 안게 되었고 이러한 배경 속에서 복지(福祉)의 이념(理念)이 대두(擡頭)되었다.

국가권력의 간섭(干涉)이나 통제로부터의 해방을 의미하는 자유 개념에서 출발하였던 근대 민주주의(民主主義)가 현대에 와서는 국가(國家)의 기능(機能)과 역할(役割)을 통해 자유(自由)와 평등(平等)을 조화시키고 사회 전체의 공동의 선(善)을 추구하지 않을 수 없게 된 것이다. 그러나 이러한 복지(福祉) 이념(理念)을 실현하기 위해서는 국가의 기능을 강화하면서도 '어떻게 개인의 기본적(基本的) 자유(自由)가 침해(侵害)되지 않고 모두가 풍요(豐饒)롭게 살 수 있는가?' 에 대한 문제가 남는다.

나. 사회정의(社會正義)

공리주의(公理主義)의 치명적(致命的) 약점은 최대다수(最大多數)의 최대 행복(最大幸福)을 위하여 무고한 소수의 기본권(基本權)을 유린(蹂躪)할 위험성이 있다는 점이다. 이러한 문제를 해결하기 위하여 미국의 정치 철학자 존 롤스(John Rawls, 1921~2002)는 '사회정의(社會正義)'를 제시하였다. 그는 자유주의(自由主義)의 원칙에 부합(符合)하도록 시민의 기본적 자유에 관해서는 만인(萬人) 평등(平等)을 보장하고 사회, 경제적 가치의 분배에 있어서는 공리주의(功利主義)의 원칙에 따라 차등(差等)을 두는 방향으로 조정(調整)하는 것이 정당화(正當化)될 수 있다고 보았다. 이러한 입장을 롤스는 다음과 같은 사회정의(社會正義)의 두 원리로 표현하고 있다.

첫째, 모든 사람은 다른 사람의 자유(自由)와 상충(相衝)되지 않는 범위 내에서 가장 광범위(廣範圍)한 자유(自由)에 대한 동등(同等)한 권리(權利)를 가진다.

둘째, 사회적 · 경제적 불평등은 다음 두 가지 원칙을 만족시킬 수 있도록 조정되어야 한다. 즉, 불평등(不平等)이 모든 사람을 위하여 이익(利益)이 되리라는 것이 합리적(合理的)으로 기대(期待)될 수 있어야 한다는 것과, 불평등(不平等)의 근원이 되는 직위(職位)와 직무(職務)는 모든 사람에게 균등(均等)하게 개방(開放)되어야 한다는 것이다.

제2절 자유민주주의(自由民主主義) 정치제도(政治制度)

자유민주주의(自由民主主義)는 그것이 추구하는 이상(理想)과 사상(思想)의 이해만으로 완전히 실현될 수 없다. 즉 그 이상(理想)과 사상(思想)을 실현할 수 있는 형식적(形式的), 제도적(制度的) 측면도 중요시해야 한다. 아무리 국민을 위한 정치라 할지라도 정책결정(政策決定)이나 수행과정(遂行過程)이 국민(國民)의 의사(意思)를 무시(無視)하고 이루어졌을 때에는 결코 자유민주주의라고 할 수 없다. 따라서 정치제도(政治制度)로서의 자유민주주의(自由民主主義)가 갖는 특징(特徵)을 살펴보는 것은 매우 중요한 의미를 갖는다.

1. 국민주권주의(國民主權主義)

국민주권주의(國民主權主義)라 함은 주권(主權)이 일부 지배자(支配者)에게 있는 것이 아니라 전체(全體) 국민(國民)에게 있다는 것이다. 다시 말하면 정치권력(政治權力)의 정당성(正當性)이나 정통성(正統性)의 근거가 국민(國民) 또는 국민(國民)의 동의(同意)에 있음을 뜻한다.

오늘날 대부분의 민주국가(民主國家)는 대의제도(代議制度)라는 간접(間接) 민주정치(民主政治)에 의해서 국민이 주권(主權)을 행사한다. 국민은 정치 결정권의 일부를 그들이 선출(選出)한 사람들에게 일임(一任)한다. 국민은 어느 종류의 결정권(決定權)이 어느 누구에게 얼마 동안 위임(委任)되어야 하는가를 결정하는 권한이 있기 때문에 주권자(主權者)이다.

2. 대표(代表)의 원리(原理)

국민주권주의(國民主權主義)를 구체적으로 실현하는 제도가 대의정치(代議政治)이고 이는 의회정치(議會政治) 혹은 정당정치(政黨政治)라는 방식으로 나타난다. 대의정치(代議政治)는 우선 국민의 대표를 선출(選出)하고 그 다음에는 통일된 하나의 국가의사(國家意思)를 결정하는 방식으로 운용된다. 전자(前者)와 관련되는 것이 대표(代表)의 원리(原理)이고 후자(後者)와 관련되는 것이 다수결의 원칙(多數決原則)이다.

대표자(代表者)는 위임(委任)받은 사람들의 다양한 의사를 전제(前提)하면서도 대표자 자신이 독립된 판단과 의사에 따라 전체 의사(全體意思)의 형성에 참여하고, 대표자(代表者)의 참여(參與)에 의해서 성립된 전체 의사(全體意思)는 그대로 구성원 전체를 구속(拘束)하는 타당성(妥當性)을 가져야 한다.

3. 다수결원칙(多數決原則)

다수결의 원칙(多數決原則)이란, 대표자(代表者)들의 상이(相異)한 의견을 자유토론과 협상을 통하여 상대적(相對的) 진리(眞理)를 확인하고 다수(多數)의 의견(意見)을 전체 성원의 대표(代表) 의사(意思)로 확인하는 원리를 말한다. 그러나 국가정책(國家政策)의 중요한 결정이 대다수(大多數)의 의사(意思)에 의하여 결정된다 하더라도 이 대다수(大多數)가 소수에게 다른 의사를 갖는다고 강제(强制)로 벌(罰)을 주는 것이 허용되지 않는다. 정치적, 사회적으로 소수 집단에 속하는 개인(個人)의 생명(生命), 자유(自由), 행복(幸福)의 추구(追求)를 위한 권리는 보장되는 것이 바로 민주주의(民主主義)의 강점이다.

4. 삼권 분립(三權分立)

권력(權力) 분립(分立)의 목적은 국가의 권력을 입법(立法), 사법(司法), 행정(行政)의 3권으로 나누어 상호 견제(牽制)와 균형(均衡)의 원칙을 보유하게 함으로써 정치권력(政治權力)이 절대화(絕對化)되는 것을 막고 정치적 권력으로부터 개인의 자유를 확보하고자 함에 있다.

인간(人間)은 천사(天使)가 아니기 때문에 만일 권력(權力)을 장악(掌握)하면 그것을 자기의 야심(野心)을 실현(實現)시키는 도구로 사용하기 쉽기 때문이다. 이런 관점에서 영국의 역사학자인 액튼(Lord Acton) 경은 "모든 권력(權力)은 부패(腐敗)한다. 절대적(絕對的) 권력(權力)은 절대적(絕對的)으로 부패(腐敗)한다."라고 경고(警告)한 바 있다.

5. 법치주의(法治主義)

민주주의(民主主義) 발전의 역사는 어떤 면에서 볼 때 개인(個人)의 권리(權利)와 자유를 확보하기 위해서 싸워 온 역사이다. 따라서 민주주의(民主主義)는 개인(個人)의 기본권(基本權)을 보장(保障)하는 제도이다. 이를 보장하기 위해 권력분립주의(權力分立主義)와 함께 요구되는 것이 법치주의(法治主義)이다. 법치주의(法治主義)는 사람에 의한 지배(支配)를 배제(排除)하고 법(法)에 의한 지배(支配)가 이루어지는 것을 뜻한다. 이 경우의 법은 국민의 대표가 모인 의회(議會)에서 제정된 법을 의미하므로 본질적(本質的)으로 국민(國民)의 이익(利益)과 모순(矛盾)될 수가 없다. 법치주의(法治主義)는 위정자(爲政者)의 전제(專制)나 독재(獨裁)에 의해서 국민의 권리(權利)와 자유(自由)가 침해당하지 않도록 법(法)에 따라 정치(政治)를 하자는 것이다.

PART

02

국가(國家)와 안보(安保)

CONENTS

CHAPTER

05

국가(國家)의 개념(槪念)

CONENTS

제1절 국가(國家)의 의미(意味)

지구상(地球上)에서 국가(國家)라고 하는 공동체(共同體)는 인류(人類)의 역사(歷史)와 함께 존재해 왔다고 할 수 있다. 인류(人類)는 공동사회(共同社會)를 이루고 살면서 공동체(共同體) 이익(利益)을 위하여 조직(組織)과 질서(秩序)를 만들었으며, 이러한 조직이 점차 커지면서 국가(國家)로 발전하게 되었다.

국가(國家)라고 하는 개념(槪念)은 고대(古代) 그리스의 폴리스(Polis)라는 도시국가(都市國家)가 역사상 가장 먼저라고 학자들은 말하고 있다. 국가(國家)라는 글자도 영어에서는 'state', 이탈리아어로는 'stato' 로 사용되고 있다. 이러한 단어들은 르네상스시대에 사용된 라틴어의 'stato(선다)'라는 단어에서 유래되어 'status(지위, 신분)'라는 의미로 전환된 후, 오늘날에는 'state(국가)'라는 의미로 변화되어 사용하고 있다(남기봉, 2011).

따라서, 국가(國家)란 "국가를 구성하는 영토(領土) 내에서 생활하는 인간과 인간 집단이 외부(外部) 위협(威脅)으로부터 방어(防禦)하고, 내부적(內部的)인 치안(治安)을 확보(確保)하여 일정한 목적을 달성하기 위해 정부(政府)라는 조직을 가지는 국민(國民) 단체(團體)"라고 정의(定義)할 수 있다.

> "국가(國家)의 가치(價値)는 그것을 구성(構成)하고 있는
> 개개인(個個人)의 가치(價値)다."
>
> ~ J. S Mill ~

제2절 국가(國家)의 구성요소(構成要素)

한 국가(國家)를 구성(構成)하는 요소(要素)는 크게 국민(國民), 영토(領土), 주권(主權) 등으로 나누어 볼 수 있다.

1. 국민(國民, People)

국민(國民)은 한 국가(國家)를 구성(構成)하는 인적(人的)인 필수(必須) 요소(要素)이다. 대한민국(大韓民國)의 국적(國籍)을 취득한 사람은 민족(民族)과 종족(種族), 문화(文化)와 종교(宗敎)에 관계없이 대한민국(大韓民國)의 국민(國民)이다. 이러한 국민은 국민주권(國民主權)의 원리에 입각한 대한민국에 있어서 헌법상(憲法上)의 지위(地位)를 갖게 되며, 어떠한 이유에서든지 차별대우(差別待遇)를 받지 않는다. 글로벌시대를 살아가고 있는 우리는 국민(國民)의 개념(槪念)과 관련하여 한층 더 열린 자세가 필요하다. 즉 세계화(世界化), 정보화(情報化)가 빠르게 진행되면서 외국인(外國人)이 귀화(歸化)하여 대한민국(大韓民國)의 국민(國民)이 되거나, 우리 국민(國民) 또는 민족이 이민(移民)을 가서 다른 나라의 국적(國籍)과 시민권(市民權)을 획득하는 경우가 있기 때문이다. 따라서 대한민국(大韓民國) 영토(領土)에서 살고 있는 혈족(血族)이나 동포(同胞)만 생각하는 데서 한 걸음 더 나아가, 대한민국(大韓民國) 국적(國籍)을 취득(取得)한 외국(外國) 출신(出身)을 포함하여 국민의식(國民意識)과 국민정신(國民精神)을 공유(共有)하고 있는 사람까지 생각할 필요가 있다.

2. 영토(領土, Territory)

영토(領土)는 한 국가(國家)를 구성(構成)하는 공간적(空間的)인 필수(必須) 요소(要素)이다.

영토(領土)라 함은 국제법(國際法)과 국제조약(國際條約)에 따라 국가(國家) 통치권(統治權)이 배타적(排他的), 독립적(獨立的)으로 행사할 수 있는 구역으로, 국민의 독립 존재를 유지할 수 있는 생활기지(生活基地)를 말한다. 영토는 광의적(廣義的) 의미로서 토지(土地), 지하(地下), 수상(水上), 해저(海底), 공중(空中) 등이 포함되고, 협의적(狹義的) 의미로는 국가영역(國家領域)의 기본이 되는 지상(地上) 및 지하(地下)를 의미한다.

대한민국(大韓民國) 헌법(憲法) 제3조는 “대한민국(大韓民國)의 영토(領土)는 한반도(韓半島)와 그 부속(附屬) 도서(島嶼)로 한다.”라고 명시되어 있다.

이 조항은 우리나라 영토의 한계를 규정한 것이면서 동시에 한반도 문제와 관련하여 중대한 의미를 내포하고 있다. 국제법상(國際法上)의 원칙에 따르면 한 나라의 영역(領域)은 그 나라의 국가권력(國家權力)이 미치는 공간적(空間的) 범위(範圍)에 한정되어야 한다. 그런데 대한민국(大韓民國)의 국가권력(國家權力)은 휴전선(休戰線) 이북 지역에는 미치지 못하고 있는 것이 현실이다. 그럼에도 우리나라 헌법(憲法)에 이렇게 규정되어 있는 것은, 대한민국(大韓民國)의 영토(嶺土)는 우리 민족(民族)이 대대로 누려온 삶의 터전을 기초로 하고 있음을 의미하며, 대한민국이 민족사(民族史)의 명맥(命脈)을 이어받아 그 영토(嶺土)를 정했음을 의미한다. 또한 대한민국(大韓民國) 정부 수립 당시 유엔에서 승인한 한반도의 유일(唯一)한 합법(合法) 정부(政府)는 대한민국(大韓民國)뿐이라는 사실을 의미한다.

영토(嶺土)는 국제법상(國際法上) 매매(賣買), 교환(交換), 증여(贈與)의 대상이 될 수 있다. 미국이 1803년에 프랑스 루이지애나 지역을 1,500만 달러에 구입했었고, 1867년에는 러시아령인 알래스카 지역을 720만 달러에 구입한 것 등이 영토(領土) 매매(賣買)의 대표적인 사례이다.

또한 이스라엘과 팔레스타인은 지역의 평화를 위해 영토(嶺土) 교환(交換)을 추진하고 있고, 키르기스스탄과 카자흐스탄도 영토(嶺土) 교환(交換)을 추진하고 있다. 구(舊) 소련(蘇聯)이 1954년에 러시아와 우크라이나 합병(合併) 300주년을 기념하여 크림반도를 우크라이나에 양도(讓渡)한 것은 영토(領土) 증여(贈與)의 대표적인 사례에 속한다.

역사적(歷史的)으로 볼 때, 근대국가(近代國家) 등장 이후 국가는 분리(分離)와 통합(統合)의 과정을 거치면서 대부분 국경(國境)이 확정되었으나 아직도 국경분쟁(國境紛爭)이 끊이지 않은 지역도 많다. 인도와 파키스탄 사이의 카슈미르 지역, 한국과 일본 사이의 독도(獨島) 문제, 한국과 중국 사이의 이어도(離於島) 문제, 일본과 러시아 사이의 북방 4개 도서 문제, 일본과 중국 사이의 댜오위다오(조어도, 釣魚島) 문제, 난사군도 문제(중국, 대만, 베트남, 말레이시아, 필리핀, 브루나이 등의 영유권 주장), 그리고 시사군도 문제(중국, 대만, 베트남 사이의 영유권 주장) 등이 대표적인 아시아의 영토분쟁(領土紛爭) 사례들이라고 할 수 있다.

가. 독도(獨島)

일본은 대한민국(大韓民國)의 영토(領土)인 독도(獨島)를 자기 나라 영토(領土)라고 주장하고 있다. 독도(獨島)는 울릉도(鬱陵島)에서 89km(48해리), 일본 오키제도에서 152km(82해리) 떨어진 곳에 있는 섬으로서 신라시대(新羅時代) 때부터 우리나라 땅이다. 일본은 1905년에 독도(獨島)를 일본(日本)

영토(領土)라고 선언하고 오키제도 소관(所管)으로 둔다고 공시(公示)하였다. 그리고 중·고등학교 교과서에 독도(獨島)를 죽도(竹島, 다케시마)로 명시하였다.

일본(日本)이 독도(獨島)에 대한 영유권(領有權)을 주장하는 근거는,

1) 근세 초기 이래 독도(獨島)는 일본(日本) 영토(領土)였고 영토 편입 직전까지 오랫동안 일본이 실효적(實效的) 점령(占領)을 했다.
2) 일본(日本) 영토(領土)로 편입 당시는 독도는 주인 없는 돌섬이었으므로 무주물(無主物) 선점(先占)을 한 것이다.

라고 하는 두 가지 논리로 집약(集約)할 수 있다.

그러나 독도(獨島)는 분명(分明)히 대한민국(大韓民國)의 영토(領土)이며 그 근거(根據)는 다음과 같이 정리할 수 있다.

첫째, 지정학적(地政學的) 근거(根據)로 대한민국(大韓民國) 영토(領土)인 울릉도(鬱陵島)에서 독도(獨島)까지의 거리는 89km(48해리)인데 반해, 일본 오키제도에서 독도(獨島)까지의 거리는 이 거리의 약 2배인 152km(82해리)가 된다. 따라서 독도(獨島)는 지정학적(地政學的)으로 가까운 대한민국(大韓民國)의 영토(領土)에 포함되는 것이다.

둘째, 역사적(歷史的) 근거(根據)로서 독도(獨島)는 신라시대(新羅時代)에 울릉도(鬱陵島)와 함께 우산국(于山國)을 형성하였으며, 우산국(于山國)은 신라(新羅) 지증왕(智證王) 13년(512년)에 신라(新羅)에 귀속(歸屬)되었다. 그 이후 계속 고려(高麗)와 조선(朝鮮)을 거쳐 현재까지도 대한민국(大韓民國)의 관리(管理)하에 있으며, 일본이 1905년 시마네현 고시(告示) 행정조치 40호를 통해 강제 조치한 내용은 독도(獨島)가 일본 고유(固有)의 영토(嶺土)가

아님을 역설적(逆說的)으로 증명한 셈이다.

셋째, 일본은 제2차 세계대전(世界大戰)에서 패전(敗戰)한 후 그 결과를 마무리하기 위해 연합국(聯合國)과 일본(日本) 사이에 맺어진 대일(對日) 평화조약(平和條約) 제2조에 "일본은 한국(韓國)의 독립(獨立)을 인정(認定)하고 제주도(濟州島), 거문도(巨文島) 그리고 울릉도(鬱陵島)를 포함하는 한국에 대한 모든 권리(權利), 영유권(領有權)과 청구권(請求權)을 포기(拋棄)한다."라고 명시(明示)되었다.

넷째, 일본 총리부령 제24호(1951년 6월 6일 공포)에는 일본 땅에 속하지 않는 도서(島嶼)는 울릉도(鬱陵島), 독도(獨島), 제주도(濟州島)라고 확실히 명시(明示)하고 있다. 이것은 일본이 1905년에 공포한 시마네현 고시(告示) 제40호(독도를 시마네현에 포함)보다 상위(上位)인 일본(日本) 정부차원(政府次元)에서 공식적(公式的)으로 독도(獨島)가 대한민국(大韓民國)의 영토(領土)임을 인정(認定)한 것이라고 할 수 있다.

나. 이어도(離於島)

영토(領土)에 관한 무리한 억지 주장을 하고 있는 것은 중국(中國)도 일본과 비슷한 입장이다. 중국(中國)은 대한민국(大韓民國)의 영토(領土)인 이어도(離於島)를 자기 나라 영토(領土)라고 주장하고 있다. 이어도(離於島)는 제주 마라도에서 149km(80해리), 중국 퉁다오섬에서 247km(133해리) 떨어진 곳에 위치하고 있는 수중(水中) 암초(暗礁)로서 수면(水面)으로부터 4.6m 아래에 잠겨 있다. 대한민국(大韓民國)은 2003년도 이어도(離於島)에 종합(綜合) 해양과학기지(海洋科學基地)를 건설했다. 중국(中國)이 자기 나라 영토(領土)라고 주장하는 이유는 배타적(排他的) 경제수역(經濟水域, Exclusive

Economic Zone: EEZ)인 200해리(370km) 안쪽에 이어도(離於島)가 포함되어 있다는 것이다. 배타적(排他的) 경제수역(經濟水域)이란 유엔 해양법(海洋法)이 각국의 연안(沿岸)에서 200해리(370km)까지 거리에 있는 모든 자원에 독점적(獨占的)인 권리(權利)를 인정하는 수역(水域)으로서 양 국가 간 거리가 400해리(740km)가 되지 않을 경우, 당사국(當事國)이 별도로 협상을 통해 EEZ를 확정하도록 되어 있다.

3. 주권(主權, Authority)

주권(主權)은 한 국가(國家)를 구성(構成)하는 요소(要素) 중에서 매우 중요한 무형적(無形的) 요소(要素)라고 할 수 있다. 대한민국(大韓民國) 헌법(憲法)에 있어서 주권(主權)과 통치권(統治權)에 관한 조항은 헌법 제1조 제2항에 있다. "대한민국(大韓民國)의 주권(主權)은 국민(國民)에게 있으며, 모든 권력(勸力)은 국민(國民)으로부터 나온다."라고 할 때, 주권(主權)의 본래 의미는 국가(國家) 의사(意思)를 전반적, 최종적으로 결정할 수 있는 최고권력, 즉 헌법(憲法) 제정(制定) 권력(勸力)을 의미한다.

그리고 '모든 권력'은 국민의 선거와 투표에 의하여 위임받고 국민이 선택한 헌법에 기반하는 권력(勸力), 즉 통치권(統治權)을 의미한다. 우리나라에 있어서 모든 국가 권력은 그것이 주권(主權)이든 통치권(統治權)이든 상관없이 국민(國民)으로부터 나온다는 사실은 의심의 여지가 없다.

또한 주권(主權)은 다른 나라에 대하여 하나의 독립(獨立)된 나라임을 나타낸다. 우리나라는 역사적(歷史的)으로 주권(主權)을 빼앗겼던 경험이 있다. 일제 강점 36년간 우리 조상들은 주권(主權)을 잃고 노예(奴隸)와 같은 삶을 살아야 했다. 주권(主權)을 잃으면 모든 것을 잃게 되는 것이다.

여기서, 주권(主權)은 내적(內的) 주권(主權)과 외적(外的) 주권(主權)으로 나누어진다고 할 수 있다. 내적(內的) 주권(主權)이란 국가의 대내적(對內的)인 업무와 국가 내에 있는 최고(最高) 권력(權力)의 소재(所在)를 지칭하며, 외적(外的) 주권(主權)은 국제질서(國際秩序)에서 국가의 위치와 다른 국가와의 관계에서 국가(國家)의 독립성(獨立性)을 지칭한다.

따라서 우리는 스스로 대한민국(大韓民國) 국민(國民)으로 태어난 것을 자랑스럽게 생각하면서 대한민국(大韓民國)의 구성원(構成員)이자 주인(主人)으로서 당당(堂堂)하게 세계 속의 대한민국(大韓民國)으로 만들어 나가야 한다.

CHAPTER

06

국가이익(國家利益)과 국가안보(國家安保)

CONENTS

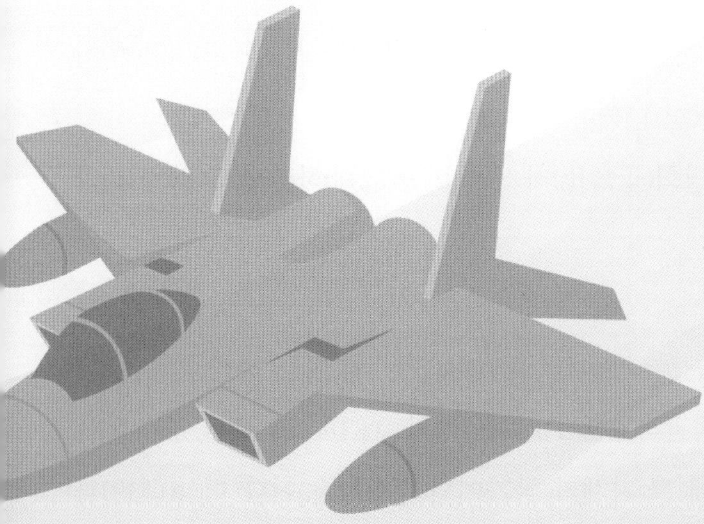

제1절 국가이익(國家利益, National interests)

1. 국가이익(國家利益, National Interests)의 개념

국가이익(國家利益, National Interests)의 개념은 간단하게 정의할 수 있는 문제가 아니다. 한 국가(國家)를 유지해 나감에 있어서 어떤 국가정책(國家政策)이 국가를 위하여 최선(最善)의 정책(政策)인가? 그리고 그 정책(政策)이 올바르게 수행되고 있는가? 하는 기본적인 질문이 바로 국가이익(國家利益)에 관한 문제이기 때문이다. 이는 정책분석(政策分析)과 정책수행(政策遂行)의 문제가 복합적(複合的)으로 작용하는 문제라는 의미(意味)이다(남기봉, 2011).

그러기 때문에, 국가이익(國家利益, National Interests)의 개념을 정의(定義)함에 있어서는 다음과 같은 영역(領域)들이 함께 검토되어야 한다.

첫째, 외교정책(外交政策)의 근원(根源)과 적절성(適切性)을 평가(評價)하고, 설명(說明)하고, 기술(記述)해야 하는 문제이다.

둘째, 정책(政策)을 정당화(正當化)하거나 비판(批判)하면서 그것을 제안(提案)하는 것이다.

이렇게 국가이익(國家利益, National Interests)이라고 하는 것은 그 나라의 외교정책(外交政策)을 객관적(客觀的)으로 평가(評價)하고 분석(分析)하는 기준(基準)이 됨과 동시에 그 자체가 국가이념(國家理念)이나 이상(理想)과 같은 주관적(主觀的)인 개념이기 때문에 설명(說明)하고 이해(理解)하기가 쉽지 않게 되는 것이라고 할 수 있다.

따라서 국가이익(國家利益, National Interests)이란, "국민의 영속적(永續的)인 염원(念願)인 국가(國家) 목적(目的)을 추구하고, 국가(國家)가 처한 현실상황 속에서 국가목표(國家目標)를 달성하기 위하여 국력(國力)을 집중(集中)하고 노력(努力)하는 데 있어서의 가치기준(價値基準)이다."라고 정의(定意)할 수 있다.

2. 국가이익(國家利益)의 분류(分類)

국가이익(國家利益, National Interests)은 중요도(重要度)와 긴급 정도(緊急定度)에 따라 다음과 같이 분류(分類)할 수 있다.

가. 사활적(死活的) 국가이익(國家利益)

사활적 국가이익(死活的 國家利益, Vital National Interests)이란, 국가(國家)의 존립(存立)에 직접적인 위협(威脅)으로 치명적(致命的) 손실(損失)을 가져올 수 있는 사안들에 대한 이익(利益)이다.

국가(國家)의 생존(生存)과 안전(安全), 존속(存續) 등과 같이 광범위(廣範圍)하며, 중요성(重要性)에서도 최우선시되는 이익(利益)으로서 자국(自國) 영토(領土)와 동맹국(同盟國) 영토(領土)의 물리적 안보, 국민의 안전, 경제적 번영, 주요기관 시설보호 등이 여기에 해당한다.

이러한 사활적 국가이익(死活的 國家利益, Vital National Interests)을 지키기 위해서는 해당 국가(國家)는 필요시 군사력(軍事力)을 독단적(獨斷的)이고 과감(果敢)하게 사용할 수 있는 것이다.

나. 중요(重要)한 국가이익(國家利益)

중요한 국가이익(重要 國家利益, Important National Interests)이란, 만일 국가(國家)가 예방대책(豫防對策)을 사용하지 않는다면 국가적(國家的)으로 심각(深刻)한 손해(損害)가 예상되는 사안들을 말한다. 다시 말해서 국가생존(國家生存)에 치명적(致命的)인 영향을 주지는 않지만, 국가(國家)의 안녕(安寧)과 세계(世界)의 질서(秩序)에 영향을 주는 이익(利益)으로서 국지적(局地的) 갈등(葛藤)과 분쟁조정, 난민문제(難民問題) 해결, 환경보호 등의 노력이 여기에 포함된다. 이러한 중요한 국가이익(重要 國家利益, Important National Interests)을 지키기 위해서는 해당(該當) 국가(國家)는 국가이익(國家利益)과 균형(均衡)을 이루는 정도까지 군사적(軍事的), 비군사적(非軍事的) 방법으로 참여하고 지원하게 된다.

다. 인도주의적(人道主義的) 국가이익(國家利益)

인도주의적 국가이익(人道主義的 國家利益, Humanitarian National Interests)이란, 자국(自國)의 가치(價値)가 요구되기 때문에 행동해야 할 이익(利益)으로서, 자연재해(自然災害)와 인재(人災)에 대한 대응, 인권침해(人權侵害)에 대한 대응, 민주화(民主化) 과정에서 군사력(軍事力)에 대한 문민통제 지원, 인도주의적(人道主義的) 원조(援助), 지속적(持續的)인 개발(開發) 증진 등이 여기에 해당된다.

이러한 인도주의적 국가이익을 지키기 위해서는 당사(當事) 국가(國家)들 간에 외교적(外交的) 노력으로 해결(解決)하고 필요시 극히 제한적(制限的)인 군사력(軍事力)을 지원하게 된다.

라. 지엽적(枝葉的) 국가이익(國家利益)

지엽적 국가이익(枝葉的 國家利益, Peripheral National Interests)이란, 국가적(國家的)으로 긴급(緊急)하지 않을 뿐만 아니라 아주 적은 손해(損害)가 예상되는 기타 사안들이 여기에 해당된다. 따라서 앞의 세 가지 종류의 국가이익(國家利益)에 비하여 학문(學問), 예술(藝術), 대중문화(大衆文化), 체육(體育), 국민들의 애국심(愛國心) 등의 분야에서 성과를 거두는 것들이 지엽적 국가이익(枝葉的 國家利益, Peripheral National Interests)에 해당된다고 할 수 있다.

결국 국가이익(國家利益)은 이상적(理想的)이고 영속적(永續的)인 국가이념(國家理念)인 국가목적(國家目的)을 추구(追求)하고, 현실적(現實的)이고 장기적(長期的)인 국가목표의 달성과 국가정책(國家政策) 및 국가전략(國家戰略)의 실천적(實踐的) 노력(努力)의 가치기준(價値基準)이 된다고 할 수 있다.

제2절 국가안보(國家安保, National Security)

1. 안보(安保, Security)의 어원(語源)

안보(安保)라는 말의 사전적(辭典的) 의미(意味)는 '안전(安全)하게 지킨다', '안전(安全)하게 보호(保護)한다'는 것이다. 한편, security의 어원(語源)적 유래(由來)를 살펴보면, 라틴어 'Securus' 또는 'Securitas'에서 유래(由來)하였으며, 이를 다시 분석(分析)하면, 여기서 'se'는 「~ 없다」라는 의미이고, 'cure'는 「근심, 걱정」의 의미로 풀이할 수 있다. 아울러 'Securus' 또는 'Securitas'의 의미는 '근심이나 걱정으로부터 자유(free from the care)'를 의미한다.

2. 국가안보(國家安保, National Security)의 개념

사전적(辭典的) 의미의 국가안보(國家安保)란 국가안전보장(國家安全保障)의 줄임말로 국가를 어려움이 없도록 안전(安全)하게 보호(保護)한다는 의미를 가지고 있다.

국가안보(國家安保)의 개념(槪念)은 육군본부(陸軍本部)에서 편찬한 군사용어사전(軍事用語辭典)에서 조금 더 구체적으로 정의(定義)하고 있다. 군사용어사전(軍事用語辭典)에서는 국가안보의 개념(槪念)을, "군사(軍事), 비군사(非)軍事)에 걸쳐 국내 · 외로부터 기인(起因)하는 다양(多樣)한 위협(威脅)으로부터 국가목표(國家目標)를 달성하는데 있어서 추구하는 제가치(諸價値)를 보전 · 향상시키기 위해서 정치(政治), 외교(外交), 사회(社會), 문화

(文化), 경제(經濟), 과학기술(科學技術)에 있어서의 제정책체계(諸政策體系)를 종합적으로 운용함으로써 기존(既存)의 위협(威脅)을 효과적으로 배제(排除)하고 또한 일어날 수 있는 위협(威脅)의 발생(發生)을 미연(未然)에 방지(防止)하며 나아가 발생한 불시(不時)의 사태(事態)에 적절히 대처하는 것" 이라고 정의(定義)하고 있다 .

따라서, 전통적(傳統的)인 국가안보(國家安保) 개념은 외부(外部)의 군사적(軍事的) 위협(威脅)으로부터 국가(國家)의 안전(安全)을 확보하는 것을 의미하였으나, 오늘날의 국가안보(國家安保) 개념(概念)은 군사적(軍事的) 위협(威脅)뿐만 아니라 비군사적(非軍事的) 위협(威脅)인 지진과 쓰나미, 방사능 오염, 환경 오염, 테러, 사이버 공격, 전염병, 마약, 내부 혼란 및 소요사태 등도 국가안전(國家安全)을 위태(危殆)롭게 할 수 있다는 인식하에 정치(政治), 외교(外交), 경제(經濟), 사회(社會), 심리(心理), 과학기술(科學技術), 군사(軍事) 등 국가의 모든 정책분야(政策分野)를 종합적으로 운용하여 국가안전보장(國家安全保障)을 추구하고 있다.

> "평화(平和)를 원하면 전쟁(戰爭)에 대비(對備)하라."
>
> ~ 클라우제비츠 ~

CHAPTER

07

한반도(韓半島) 안보정세(安保情勢)

CONENTS

제1절 세계(世界) 안보환경(安保環境)

오늘날 한반도(韓半島)를 둘러싼 세계(世界) 안보환경(安保環境)은 범세계적(汎世界的)으로 영토(領土), 종교(宗教), 인종(人種) 등과 같은 전통적(傳統的) 갈등(葛藤) 요인(要因)으로 인한 안보위협(安保威脅)이 지속되는 가운데, 초국가적(超國家的), 비군사적(非軍事的)인 위협이 증가하고 있다. 이에 따라 세계 각국은 테러, 사이버 공격, 감염병(感染病) 등 다양한 안보(安保) 위협(威脅)에 공동 대응하여 지역 안정과 세계평화에 기여할 수 있도록 국제사회(國際社會)의 공조(共助) 노력을 강화하고 있다(국방백서, 2018).

1. 안보위협(安保威脅) 지속(持續)

범세계적(汎世界的)으로 영토(領土), 종교(宗教), 인종(人種) 등과 같은 전통적(傳統的) 갈등(葛藤) 요인(要因)으로 인한 안보위협(安保威脅)이 지속(持續)되고 있다.

가. 동아시아(East Asia)

동아시아 지역에서는 미국이 중국, 러시아의 영향력(影響力) 확대(擴大)를 견제(牽制)하고 안보위협(安保威脅)에 대응하기 위해 동맹국(同盟國) 및 우방국(友邦國)들과의 협력체계를 구축하고 있다. 중국이 '일대일로(一帶一路, One belt One road) 구상'을 적극적으로 추진하는 가운데 미국은 일본, 호주, 인도와의 협력을 중심으로 하는 '인도 - 태평양 전략(India-Pacific Strategy)'을 구체화해 나가고 있다.

나. 유럽(Europe)

유럽 지역은 시리아와 북아프리카 지역에서 발생한 대규모 난민(難民) 유입(流入), 테러 위협, 영국의 브렉시트(BREXIT) 결정 등 다양한 대내적(對內的)·대외적(對外的) 도전에 직면하고 있다. 유럽연합(EU)은 난민(難民) 할당제(割當制) 도입을 통한 난민문제(難民問題)의 해결책을 모색(摸索)하고 있으나, 유럽 일부에서 반(反)유럽연합, 반(反)이슬람, 반(反)난민 등의 정서가 확산됨에 따라 극우(極右) 정당(政黨)의 약진이 두드러지면서 유럽연합 국가들 간에 갈등(葛藤)이 지속되고 있다.

또한 벨기에, 영국, 스페인 등에서 일반 대중(大衆)과 공공장소(公共場所)를 대상으로 IS(이라크, 시리아 이슬람 국가) 무장세력(武裝勢力)에 의한 테러가 수차례 발생하면서 역내(域內) 반(反)이슬람, 반(反)이민정서(移民情緖)는 지속적으로 악화(惡化)되고 있는 실정이다.

한편, 2017년 12월에 덴마크, 몰타, 영국을 제외한 25개 유럽연합(EU) 회원국들은 신무기(新武器)와 군사장비 개발에 공동 투자하고 군사작전(軍事作戰) 역량을 강화하는 내용을 담은 '항구적 안보(恒久的安保) 국방협력체제(PESCO, Permanent Structured Cooperation)' 구축에 서명하고, 17개 협력 사업을 합의하는 등 군사분야(軍事分野)의 협력(協力)을 강화(强化)해 나가고 있다.

다. 중동 지역(中東地域, Middle East)

중동 지역(中東地域)에서는 IS(이라크, 시리아 이슬람 국가)와 같은 폭력적(暴力的) 극단주의(極端主義) 세력이 약화되고 있으나, 그동안 잠재(潛在)되어 있던 중동 지역(中東地域) 내 갈등이 폭발적으로 표출되면서 정세(情勢) 불안(不安)이 지속되고 있다. 시리아에서는 아사드 정권과 반군세력(反軍勢力) 간의 갈등 및 터키군의 군사작전(軍事作戰) 등의 이유로 혼란(混亂)스러운 상황이 계속되고 있으며, 수년 간 지속되어 온 예멘에서의 내전(內戰)은 평화를 위한 여러 노력에도 불구하고 단기간 내 종전(終戰)되기는 쉽지 않을 전망이다.

또한 중동 지역(中東地域)에서의 불확실성(不確實性)은 2018년 5월 미국의 대(對)이란 핵 합의(JCPOA, Joint Comprehensive Plan Of Action) 탈퇴선언(脫退宣言)과 대(對)이란 제재(制裁) 복원(復元), 주(駐)이스라엘 미국(美國) 대사관(大使館)의 예루살렘으로의 이전(移轉)에 대한 팔레스타인의 강력한 반발 등으로 더욱 가중(加增)되고 있는 상황이다.

라. 아프리카(Africa)

아프리카 지역에서도 저발전(低發展), 국가역량(國家力量) 부족(不足), 취약한 정부능력 등 만성적(慢性的)인 문제들로 인한 정치세력(政治勢力) 간 권력투쟁(權力鬪爭), 종족(種族) 간 갈등(葛藤), 폭력적(暴力的) 극단주의(極端主義) 세력에 의한 테러 발생 등 정치・경제・사회 불안이 지속되고 있다.

소말리아에서는 2017년 10월에 알샤바브에 의한 차량(車輛) 자폭공격(自爆攻擊)으로 500여 명의 사상자(死傷者)가 발생하였다. 나이지리아, 말리 등에서는 알샤바브와 같은 폭력적(暴力的) 극단주의(極端主義) 세력에 의한 테러가 여전히 지속되고 있다.

2. 포괄적(包括的) 위협요인(威脅要因) 확대(擴大)

이라크와 시리아에서 활동 영역을 상실한 극단적(極端的) 이슬람국가(IS)는 북아프리카, 서남아시아, 동남아시아, 유럽 등으로 활동 영역을 확장하고 있다. 아울러, 증가하고 있는 사이버 위협 역시 심각(深刻)한 초국가적(超國家的) 위협(威脅)의 하나이다. 민간기간(民間機關)은 물론 정부기관(政府機關)의 정보시스템에 침입하여 중대(重大)한 장애(障礙)를 발생시키거나 시스템을 파괴(破壞)하는 사례가 빈번(頻繁)하게 발생하고 있다.

2017년 5월에 워너크라이 랜섬웨어(Wanna Cry Ransomware : 컴퓨터파일 파괴 악성프로그램) 공격, 2017년 6월에 낫페트야 랜섬웨어(Not Petya Ransomware : 변형된 랜섬웨어) 공격, 2018년 3월에 터키 가상화폐(假想貨幣) 거래소(去來所) 공격(攻擊) 등 전 세계적으로 사이버 위협이 지속되고 있어 각국은 사이버 위협에 대응하기 위한 전략(戰略) 세우기에 힘쓰고 있다.

신종(新種) 감염병(感染病)의 확산(擴散)도 국제사회(國際社會)의 불안(不安)을 고조(高潮)시키고 있다. 2013년에 발생했던 에볼라 바이러스(Ebola Virus)에 이어 2015년에는 메르스(MERS, 중동호흡기증후군)가 26개국으로 확산되었고, 최근에는 전 세계 73개국에서 지카 바이러스(Zika Virus) 감염(感染) 환자(患者)가 발생하고 있다. 유엔 안전보장이사회(安全保障理事會) 등 국제사회는 감염병(感染病)을 중요한 안보위협(安保威脅)으로 인식하고 대응역량(對應力量) 강화에 주력(注力)하고 있다.

지구촌(地球村) 곳곳에서는 자연재해(自然災害)와 재난(災難)이 끊임없이 발생하고 있다. 2017년에는 멕시코 강진(强震), 발리 화산분출, 2018년에는 인도네시아와 대만에서의 지진(地震), 일본과 필리핀 그리고 하와이 화산(火山) 분화(噴火) 등이 발생한 바 있다. 이러한 대규모(大規模) 재해(災害), 재난(災難)은 발생을 예측하기 어렵고 발생에 따른 경제적 손실 규모도 증가하고 있다.

또한 재난발생 국가만의 능력으로 신속하고 효과적인 구호(救護) 및 재건(再建)에는 많은 제약(制約)이 따른다.

3. 국제사회(國際社會) 공조강화(共助强化)

오늘날, 개별국가(個別國家)의 노력만으로 해소하기 어려운 안보위협(安保威脅)에 대응(對應)하기 위해 긴밀(緊密)한 국제공조(國際共助)의 필요성이 강조되고 있다.

더욱 고도화(高度化)되고 있는 사이버 위협은 국경(國境)의 제한 없이 국가안보에 치명적(致命的)인 피해(被害)를 야기(惹起)할 수 있어 국제사회(國際社會)의 공조(共助)가 필수적이다. 국제사회(國際社會)는 사이버 공간에서의 신뢰구축(信賴構築)과 효과적인 위협대응을 위해 지역 다자안보협의체(多者安保協議體)인 아세안 확대 국방장관회의(ADMM-Plus)뿐만 아니라 유럽, 아세안 지역 포럼, 사이버 스페이스 총회 등을 통해 적극 협력해 나가고 있다.

2015년 9월에 제2차 글로벌 보건안보구상(保健安保構想) 고위급 회의에서는 메르스(MERS), 지카 바이러스(Zika Virus) 등 감염병(感染病) 확산(擴散)이 국제정치(國際政治), 경제(經濟), 사회(社會), 안보(安保) 위협(威脅)이라는 데 인식을 공유하고 각국 정부가 적극 협력하기로 합의하였다.

대규모(大規模) 재해(災害), 재난(災難) 발생 시 신속한 구호(救護)와 복구(復舊) 지원(支援)을 위한 국제공조(國際共助) 노력도 강화하고 있다. 국제재난경보 조정 시스템(GDACS, Global Disaster Alert and Coordination System)을

통해 전 세계에서 발생하는 각종 재난정보(災難情報)와 재난구호(災難救護) 현황, 계획 등을 실시간으로 공유(共有)하고 있다. 또한 아세안 지역 안보 포럼과 아세안 확대 국방장관회의 등 지역 다자안보협의체(多者安保協議體)에서도 재난구호(災難救護) 방안을 논의하고 모의(模擬) 훈련(訓練)을 실시하고 있다.

제2절 동북아(東北亞) 안보환경(安保環境)

동북아(東北亞, East-North Asia)에서는 미국(美國)과 중국(中國)의 전략적(戰略的) 경쟁(競爭)이 심화되는 가운데 일본과 러시아 또한 영향력(影響力) 확대(擴大)를 위해 공군력(空軍力) 중심으로 군사력(軍事力)을 경쟁적(競爭的)으로 증강(增强)하고 있으며, 이러한 안보정세(安保情勢)는 북한의 비핵화(非核化) 변수와 맞물려 동북아(東北亞) 지역의 안보(安保) 유동성(流動性)과 불확실성(不確實性)을 더욱 증대시키고 있다(국방백서, 2018).

1. 안보구도(安保構圖)의 유동성(流動性) 증대

가. 미국(美國)

미국(美國)은 '힘을 통한 평화(Peace through Power)' 기조(基調)하에 국가안보(國家安保) 전략(戰略)과 국방(國防) 전략(戰略)에서 중국과 러시아를 '수정주의세력(修正主義勢力, Revisionist Power)'으로 명시(明示)하고 장기적(長期的), 전략적(戰略的) 경쟁(競爭)을 공식화하였다. 아울러 '인도-태평양전략(India-Pacific Strategy)' 추진을 통해 미국, 일본, 호주, 인도 간 4자 협력을 중심으로 역내(域內) 국가들과의 양자(兩者) 및 다자간(多者間) 협력을 강화해 나가고 있다. 특히 국방예산(國防豫算)을 증액(增額)하여 아시아-태평양 지역 배치전력(配置戰力) 증강(增强)을 추진하고 재래식(在來式) 전력강화(戰力强化), 핵(核) 억제능력(抑制能力) 강화, 미국(美國) 본토(本土)에 대한 미사일 방어능력 강화 등 군(軍) 현대화(現代化)와 대비태세(對備態勢)

강화(强化)를 위한 투자(投資)를 지속적으로 확대(擴大)하고 있다.

나. 중국(中國)

중국(中國)은 2017년 10월에 제19차 당(黨) 대회(大會)에서 시진핑(習近平) 집권(執權) 2기 청사진(靑寫眞)으로, 2020년부터 2035년까지 소강사회(小康社會) 건설의 전면적(全面的)인 기조(基調) 아래 사회주의(社會主義) 현대화(現代化)를 실현하고, 2050년까지 부강(富强)하고 아름다운 사회주의(社會主義) 강국의 전면적(全面的) 건설을 통한 '세계 일류 강군 육성'을 목표로 내세웠으며 향후 글로벌(global) 강국을 지향하는 대외정책(對外政策)을 추진할 것으로 예상된다.

다. 일본(日本)

일본(日本)은 평화헌법(平和憲法)에 기초한 '전수방위(專守防衛) 원칙'을 유지한다는 입장을 견지(堅持)하고 있으나, 국제협조주의(國際協助主義)에 입각한 적극적(積極的) 평화주의(平和主義)를 내세우며 일본(日本)의 안전 및 국제 사회의 평화(平和)와 안정(安定) 및 번영(繁榮)을 실현한다는 명분(名分)으로 이전보다 더욱 적극적(積極的)인 방위정책(防衛政策)으로의 전환을 추구하고 있다. 아울러 북한의 핵, 미사일 실험, 중국의 군사력 증강 등 변화된 안보환경(安保環境)을 반영하여 2018년 이후부터는 기존의 '통합기동방위력' 개념을 '다차원(多次元) 횡단방위(橫斷防衛)' 개념으로 변경을 추진하고 있다.

라. 러시아(Russia)

러시아는 '위대(偉大)한 강대국(强大國) 러시아의 부활(復活)'을 완성하기 위해 동북아시아, 유럽, 중동 등 국제무대에서 보다 적극적(積極的)이고 단호(斷乎)한 대외정책(對外政策)을 구사할 것으로 판단(判斷)된다. 또한 크림반도 병합에 대한 국제사회(國際社會)의 경제제재(經濟制裁)를 극복하고 극동 지역(極東地域)을 개발하기 위해 신동방정책(新東方政策)을 적극 추진하는 한편 중국과 긴밀(緊密)하게 공조(共助)하여 아시아 - 태평양 지역에 대한 군사적(軍事的) 영향력(影響力)도 지속적(持續的)으로 확대(擴大)할 것으로 보인다.

2. 주변국(周邊國) 국방정책(國防政策)과 안보정세(安保情勢)

동북아(東北亞) 지역에서 미국(美國)은 군사적(軍事的) 우위(優位)를 유지하고 있으며 중국(中國)과 일본(日本), 러시아도 해·공군력을 중심으로 군사력(軍事力)을 경쟁적(競爭的)으로 증강(增强)하고 있다.

가. 미국(美國)

미국(美國)은 2017년의 「국가안보전략(國家安保戰略)」과 2018년의 「국방전략(國防戰略)」에서 본토(本土) 보호(保護), 자국의 번영 증진, 힘을 통한 평화유지(平和維持)와 영향력 확대 등을 핵심으로 전략목표(戰略目標)를 설정하고, 이를 힘으로 뒷받침하기 위한 군사적(軍事的) 우위(優位) 유지를 강조하고 있다. 또한 중국과 러시아를 전략적(戰略的) 경쟁국가(競爭國家)로 평가하면서 정치 · 경제 · 군사 등 모든 분야에서 장기적(長期的) 견제노선(牽制路線)을 추구(追求)하고 있다.

그 뿐만 아니라, 미국은 '인도-태평양 전략(India-Pacific Strategy)'을 통해 역내(域內) 국가들의 주권 존중과 공동번영(共同繁榮)을 위해 기존(旣存)의 동맹국(同盟國) 및 우방국(友邦國)들과의 협력을 더욱 강화하는 동시에 새로운 파트너십(Partnership)과 다자간(多者間) 협력기회를 모색(摸索)하고 있다. 이를 위해 미국은 역내(域內) 양자관계(兩者關係)를 강화하는 동시에 한 · 미 · 일, 미 · 일 · 호 · 인 등 다자협력(多者協力)을 증진하고 아세안과의 협력을 강화하는 등 확대된 안보 네트워크(Network) 구축을 추진하고 있다.

아울러 국제법(國際法)에 근거한 항행(航行)의 자유 보장, 분쟁(紛爭)의 평화적(平和的) 해결, 북한의 비핵화(非核化) 및 동북아(東北亞) 지역의 비확산(非擴散) 체제 유지 등을 강조하고 있다. 이와 같은 기조(基調)에 따라 미국은 2018년 5월에 기존(旣存)의 태평양사령부(太平洋司令部)를 인도태평양 사령부로 개칭하고, 역내 미군주둔(美軍駐屯) 확대와 군사훈련(軍事訓練) 및 안보협력(安保協力)을 한층 강화해 나가고 있다.

2018년 8월에 트럼프 미국 대통령은 상 · 하원의 초당적(超黨的)인 지지(支持)하에 의결된 「2019 회계연도 국방수권법(國防授權法, NDAA)」에 서명함으로써, 2016년부터 매년 국방비를 증액시켜 '힘을 통한 평화' 추진을 위한 안정적 예산사용의 토대를 마련하였다.

미국 정부의 국방수권법(國防授權法)은 주한미군(駐韓美軍)을 2만 2,000명 이하로 감축(減縮)하기 위해서는 국방장관이 의회(議會)에 당위성(當爲性)을 증명해야 하는 의무를 부과(賦課)함으로써 주한미군(駐韓美軍)의 급격한 감축을 제한하였다. 한편 2018년 6월에 한미국방장관회담에서 매티스 미국방장관은 주한미군(駐韓美軍)의 현재 규모를 유지하고, 모든 범주의 외교적, 군사적 능력을 사용하여 대한민국(大韓民國)에 대한 방위공약(防衛公約)을 지켜 나갈 것임을 지속 강조하였다.

미국은 사이버 및 우주(宇宙) 분야의 안보태세(安保態勢)를 강화하기 위한 노력도 지속하고 있다. 2017년 8월에 사이버사령부를 독자적 지휘체계를 갖춘 통합사령부로 격상(格上)하였으며, 2018년 8월에는 우주 분야(宇宙分野) 도전에 효과적으로 대응(對應)하기 위한 우주군(宇宙軍) 창설(創設) 계획을 공식 발표하는 등 새롭게 대두되는 안보(安保) 분야에서도 비교우위(比較優位)를 유지하기 위한 노력을 지속하고 있다.

나. 중국(中國)

중국(中國)은 군(軍)의 현대화(現代化)와 동시에 고효율적(高效率的)인 합동작전 지휘체계 구축(構築)을 추진하고 있다. 시진핑(習近平) 주석은 제19차 당 대회 업무보고에서 세계 강군 건설을 위해 2020년까지 기계화(機械化) 실현(實現) 및 정보화(情報化)된 군 건설, 2035년까지 국방, 군대 현대화 실현, 21세기 중반까지 세계(世界) 일류군대(一類軍隊)를 건설하겠다는 로드맵(Road map)을 제시한 바 있다.

육군(陸軍)은 기동작전(機動作戰)과 입체공방(立體攻防)의 전략적 요구에 따라 구역(區域) 방어형태(防禦形態)에서 전역기동형(全域機動形)으로 전환하고 있으며, 이를 위해 부대의 경량화(輕量化) 및 기계화, 작전(作戰) 지속능력(持續能力)을 향상시키고 있다.

해군(海軍)은 연안방어(沿岸防禦) 전략과 근해방어(近海防禦) 전략을 거쳐 원해호위전략(遠海護衛戰略)을 점진적으로 발전시키고 있으며, 2012년 랴오닝 항공모함 전력화에 이어 첫 자국산(自國産) 항공모함(航空母艦) 취역(就役) 노력 등 원거리(遠距離) 전투력 투사능력(投射能力)을 향상시키기 위해 노력하고 있다.

공군(空軍)은 걸프전 및 코소보전 등 현대전(現代戰)의 영향을 받아 국토방공(國土防空) 위주 형태에서 공격과 방어를 겸비한 형태로 전략을 변경하였으며, 이로 인해 국토방공 임무 전담(專擔) 요격(邀擊) 전투기(戰鬪機)는 감소한 반면, 공격임무를 수행하는 폭격기(爆擊機)와 전투기(戰鬪機)는 급증하였다. 또한 원거리 작전능력을 지원하는 공중조기경보통제기, 수송기, 공중급유기 등도 증가추세를 보이고 있으며, 신형 전투기 도입을 지속 추진하는 등 군(軍)의 급속(急速)한 현대화(現代化)를 추진하고 있다.

로켓군은 핵 반격 능력과 중·장거리 정밀타격능력(精密打擊能力) 향상에 주력하는 가운데 차세대 중·장거리 탄도미사일인 DF-26과 새로운 대륙간 탄도미사일인 DF-41의 전력화(戰力化)를 추진 중이다. 또한 최근에는 극초음비행체(極超音飛行體, HGV)를 탄두에 탑재 가능한 신형 준중거리(準中距離) 탄도미사일(MRBM)인 DF-17의 시험발사(試驗發射)를 실시하는 등 미국의 미사일 방어(MD)체계에 대응한 신형(新型) 무기체계(無機體係) 개발을 추진 중인 것으로 알려져 있다.

전략지원부대(戰略支援部隊)는 2015년 12월 31일에 창설된 새로운 군종(軍種)으로, 군 작전역량의 질적 향상을 위해 정보전, 전자전, 사이버전, 심리전, 우주전 등의 임무를 수행하는 것으로 알려져 있다.

최근 중국(中國)의 군용기(軍用機)가 우리 군에 사전 통보 없이 한국방공식별구역(韓國防空識別區域, KADIZ)에 진입(進入)하여 우리 영해(領海)에 근접 비행하는 상황이 빈번하게 발생하고 있다. 이는 역내 긴장(緊張)을 조성(造成)하고 우리 군용기(軍用機) 및 민항기(民航機)와의 충돌 가능성 등 문제를 야기할 수 있기 때문에 주한(駐韓) 중국무관(中國武官)을 7차례 초치

(招致)하여 엄중(嚴重) 항의(抗議)하고, 중국 측의 재발(再發) 방지(防止)를 위한 대책강구를 촉구한 바 있다.

다. 일본(日本)

일본(日本)은 적극적(積極的) 평화주의(平和主義) 명분(名分)에 따라 2014년 7월, 집단적(集團的) 자위권(自衛權) 행사에 대한 헌법 해석을 변경하여 자위대(自衛隊)의 역할을 확대하고 있다. 또한 2015년 4월의 「미·일 방위협력지침」 개정과 9월의 안보법제(安保法制) 정비를 통해 자국의 존립(存立)에 위협(威脅)이 된다고 판단되는 경우에는 상대국의 직접적이 무력(武力) 공격(攻擊)이 없더라도 집단적(集團的) 자위권(自衛權)을 발동(發動)하여 무력을 행사할 수 있도록 하였다.

특히 일본에 중요한 영향을 미치는 사태(事態)라고 판단되는 경우 미군뿐만 아니라 타 국군(他國軍)에도 지리적(地理的)인 제한 없이 급유(給油)와 탄약지원(彈藥支援) 등 후방지원(後方支援)이 가능하도록 하였다. 또한 재외(在外) 일본인에 대한 자위대(自衛隊)의 구출활동(救出活動), 자위대(自衛隊)와 함께 작전하는 미군 및 외국군에 대한 방호(防護), 국제평화유지활동(PKO)에서 안전확보(安全確保) 및 출동경호(出動警護) 임무 추가 등 자위대(自衛隊)의 임무와 활동범위를 확대하였다.

육상자위대(陸上自衛隊)는 도서 지역(島嶼地域)의 각종 사태에 즉각 대응하기 위해 높은 기동력(機動力)과 경계(警戒), 감시능력(監視能力) 확보를 추진 중이다. 이를 위해 2018년 4월에 사·여단급 부대를 신속(迅速)하고 유연(柔軟)하게 운용하기 위한 육상총대(陸上總隊)를 신설하고, 조어도(釣魚島, 센카쿠/댜오위다오) 인근 도서(島嶼)에 연안감시대(沿岸監視隊)를 배치하였으며, 수륙양용작전(水陸兩用作戰)을 전담하는 수륙기동단(水陸機動團)을 창설하였다. 향후 도서 지역(島嶼地域) 상황에 신속하게 대응하기 위해 일부 사·여단급 부대를 기동화(機動化)된 부대로 개편(改編)할 것으로 판단된다.

해상자위대(海上自衛隊)는 일본 주변해역(周邊海域)의 방위와 해상 교통로의 안전 확보를 위해 호위함(護衛艦) 부대(部隊)의 대응능력 향상, 잠수함(潛水艦) 부대 및 고정익(高挺益) 초계기(哨戒機) 부대의 전력강화를 추진하고 있다.

항공자위대(航空自衛隊)는 일본 주변의 공역(空域)에 대한 상시(常時) 경계(警戒)와 감시(監視)를 위해 항공경계관제부대(航空警戒管制部隊)를 유지하고 있다. 남서 지역의 방어태세를 강화하기 위해 2014년 4월에 오키나와에 조기경보기(E-2C) 부대인 경계항공대(警戒航空隊)를 창설하고, 2016년 1월에는 F-15 전투기 비행대를 증편하였다. 향후 2023년까지 신형 전투기(F-35A 42대), 신형 조기경보기, 체공형(滯空形) 무인기(無人機), 신형 공중급유기(空中給油機), 수송기 등을 전력화(戰力化)할 예정이다.

일본은 사이버전에 대비하기 위해 2014년 3월에 육상, 해상, 항공 자위대의 사이버전 기능을 통합하여 창설한 사이버 방위대(防衛隊)와 자위대(自衛隊) 지휘통신시스템부대를 증편(增便)하여 사이버전 수행능력을 강화하고, 장기적으로 두 부대를 통합하여 2020년 '우주 사이버사령부'를 창설할 예정이다. 또한 2022년까지 우주(宇宙) 공간(空間)에서 각국(各國)의 인공위성(人工衛星)을 감시(監視)하는 시스템을 구축하고, 우주(宇宙)를 감시(監視)하는 전문부대를 창설할 예정이다.

이러한 전력증강과 더불어, 통합막료장(統合幕僚長, 한국의 합참의장 격)이 각종 사태 발생 시 부대 운용에 전념할 수 없는 결점(缺點)을 보완(補完)

하고, 총리보좌(總理補佐)에 집중할 수 있도록 별도의 '통합사령부(統合司令部)'를 창설하여 육상, 해상, 항공 자위대(自衛隊)를 통합적으로 지휘할 수 있도록 군 조직을 개편(改編)하였다.

라. 러시아(Russia)

러시아는 군 구조 및 편제개편(編制改編), 장병 임금 인상 및 군 주거환경(住居環境) 개선 등 과감(果敢)한 국방개혁(國防改革) 추진으로 대내외 위협에 능동적으로 대응할 수 있는 국방력 건설에 매진(邁進)해 왔다. 특히 2017년까지 전력증강 결과 전투장비의 59%를 현대화하였으며, 야루스 대륙간탄도미사일(ICBM) 연대 등 전략부대(戰略部隊)를 증・창설하여 핵(核) 억지력(抑止力)을 강화하였다. 2018년부터 향후 8년간 무기체계(無機體系) 현대화(現代化)를 위해 약 340억 달러를 투자할 예정이다. 또한 광범위하고 다양한 작전환경하에서 군관구별(軍管區別) 특색(特色) 있는 훈련을 실시하여 지역별 현존위협(現存威脅)에 적극적으로 대처하고 있다.

육군(陸軍)은 군관구별(軍管區別) 실전적인 훈련을 통해 합동작전(合同作戰) 수행 능력을 제고(提高)하고 있다. 서부 군관구는 국경 지역의 북대서양조약기구(北大西洋條約機構, NATO)의 위협에 대비하기 위해 『자파트-2017』 훈련을 실시하였고, 1만 3,000여 명의 병력과 대륙간탄도미사일(ICBM)인 '사르맛', 최신형 전차인 '아르마타' 등 최신(最新) 전략무기체계(戰略武器體系)가 대거 참여하였다.

해군(海軍)은 2018년에 보레이급 전략(戰略) 핵잠수함 3척을 건조(建造)하여 실전 배치함으로써 핵(核) 억지력(抑止力)을 강화하고 있다. 특히 러시아 해군은 2017년에 중국과 정례적(定例的)인 연합훈련을 통해 연합 해상작전능력을 제고하여 역내(域內) 경쟁 구도에서 군사적(軍事的) 대응능력(對應能力)을 강화하고 있다.

항공우주군(航空宇宙軍)은 2018년 전력화를 목표로 MIG-35 다목적 전투기, SU-57 스텔스 전투기를 개발 중이며, TU-160 장거리 전략 폭격기 성능개량 사업을 통해 핵(核) 억지력(抑止力)을 개선할 것으로 예상된다.

전략 미사일군은 2017년에 토플-M 전략핵미사일 실사격(實射擊)에 성공하였고, 핵(核) 전력(戰力)인 야루스 대륙간탄도미사일 3개 연대를 전력화하였다.

한편 동부 군관구(軍管區)는 2017년에 TU-95, TU-22를 주력으로 하는 전략폭격기(戰略爆擊機) 사단(師團)을 창설하였고, 대규모 항공 기동훈련, 특수부대 상륙훈련 및 대테러훈련 활성화 등 극동 지역(極東地域)에 대한 대비태세를 강화하고 있다. 특히 태평양함대(太平洋艦隊)는 기존의 S-300 방공대대를 S-400 방공대대(防空大隊)로 교체하여 방공전력(防空戰力)을 강화했다.

푸틴 대통령은 집권 4기에서도 기존(旣存)의 대외정책(對外政策)과 군사전략(軍事戰略)을 유지할 것으로 예상되며, 신동방정책(新東方政策) 추진을 통해 낙후된 극동 지역(極東地域)을 개발하는 한편 아태 지역(亞太地域)에 대한 군사적(軍事的) 영향력(影響力)도 확대할 것으로 보인다.

제3절 대한민국(大韓民國) 안보전략(安保戰略)

대한민국(大韓民國) 정부(政府)는 '국민의 나라 정의로운 대한민국'을 국가비전으로 설정하고, 안보 분야 국정목표를 '평화(平和)와 번영(繁榮)의 한반도(韓半島)'를 선정한 국가안보전략(國家安保戰略)을 수립하여 추진하고 있다.

정부는 튼튼한 안보(安保)를 유지한 가운데 북한(北韓) 핵문제(核問題)를 해결하고 한반도(韓半島)에 항구적(恒久的)인 평화(平和)를 정착(定着)시켜 나가기 위해 노력하고 있다(국방백서, 2018).

1. 국가안보(國家安保) 목표

대한민국(大韓民國) 정부(政府)는 국민(國民)이 나라의 주인(主人)이 되고 정의(正義)가 바로 선 국가(國家)를 건설하기 위해 '더불어 잘 사는 경제', '내 삶을 책임지는 국가', '고르게 발전하는 지역', '평화와 번영의 한반도'를 문재인 정부 5대 국정목표(國政目標)로 설정하였다.

그중, 안보 분야 국정목표(國政目標)로 「평화(平和)와 번영(繁榮)의 한반도(韓半島)」를 선정하고 '북핵 문제의 평화적 해결 및 항구적 평화정착', '동북아 및 세계평화와 번영에 기여' 그리고 '국민의 안전과 생명을 보호하는 안심사회(安心社會) 구현'을 국가안보(國家安保) 목표로 설정하였다.

가. 북핵(北核) 문제의 평화적 해결 및 항구적(恒久的) 평화정착

국제사회(國際社會) 공조(共助)하에 북한(北韓)의 완전(完全)한 비핵화(非

核化)와 평화체제 구축, 남북 간 신뢰구축(信賴構築) 및 군비통제(軍備統制)의 포괄적(包括的)인 추진으로 북한 핵문제를 평화적(平和的)으로 해결(解決)하고, 굳건한 한미동맹(韓美同盟)을 바탕으로 우리의 국방역량을 강화함으로써 한반도(韓半島)의 항구적(恒久的)인 평화정착(平和定着)을 뒷받침하는 것이다.

나. 동북아(東北亞) 및 세계평화와 번영(繁榮)에 기여(寄與)

정부(政府)는 동북아(東北亞)와 세계의 평화와 번영을 증진하는 환경조성(環境造成)을 통해 국익(國益)을 도모(圖謀)하는 가운데 평화협력(平和協力)을 주도하는 국가로 발돋움하고자 노력하고 있다. 정부는 굳건한 한미공조(韓美共助)를 토대(土臺)로 역내(域內) 국가 간 협력을 통해 한반도(韓半島) 문제를 주도적(主導的)으로 해결해 나갈 것이다. 아울러 인도, 아세안, 유럽 국가들과의 정치적·경제적 협력(協力)을 강화(强化)하며, 지역 협력의 제도화를 통해 이 지역의 평화와 안정, 공동번영(共同繁榮)에 기여하고, 기후변화, 국제테러, 감염병, 난민문제(難民問題) 등 국제사회(國際社會)가 직면하고 있는 글로벌(Global) 안보현안(安保懸案) 해결을 위해 적극적으로 참여해야 한다.

다. 국민의 안전과 생명을 보호하는 안심사회(安心社會) 구현

정부(政府)는 국민의 눈높이에서 국민 개개인의 재산(財産)과 권익(權益)을 보호(保護)하는 한편, 사이버 위협, 테러, 재난, 생활안전 등 다양(多樣)한 위협(威脅)과 위험(危險)으로부터 국민(國民)의 안전(安全)과 생명(生命)을 보호(保護)해야 한다.

2. 국가안보(國家安保) 전략기조(戰略基調)

대한민국(大韓民國) 정부(政府)는 안보 분야(安保分野)의 국정목표인 '평화(平和)와 번영(繁榮)의 한반도'를 구현하기 위해 국방, 외교 분야에서 실행해야 할 추진전략(推進戰略)으로 '한반도(韓半島) 평화(平和)·번영(繁榮)의 주도적(主導的) 추진', '책임국방(責任國防)으로 강한 안보구현', '균형 있는 협력외교(協力外交) 추진', '국민의 안전(安全) 확보(確保) 및 권익보호(權益保護)' 등을 선정하여 적극적으로 추진하고 있다.

가. 한반도 평화(平和)·번영(繁榮)의 주도적(主導的) 추진(推進)

대한민국(大韓民國)은 한반도(韓半島) 문제의 직접적(直接的)인 당사자(當事者)로서 한반도 평화(平和)와 번영(繁榮)을 위해 지속적으로 노력해 나가야 북한(北韓)의 완전(完全)한 비핵화(非核化)를 통한 북핵 문제가 해결되고, 여건(與件)이 조성될 경우 '한반도(韓半島) 신경제구상(新經濟構想)' 등의 본격적인 이행(履行)을 통해 평화(平和)와 번영(繁榮)의 선순환(善循環) 구조를 창출(創出)할 것이다. 나아가서 남북대화 정례화(定例化), 다방면(多方面)의 교류협력(交流協力) 확대, 남북합의(南北合意) 법제화(法制化) 등을 통해 지속 가능한 남북관계를 발전시켜 나가야 한다.

나. 책임국방(責任國防)으로 강한 안보구현(安保具現)

대한민국(大韓民國) 정부(政府)는 '우리나라 국방(國防)은 우리 스스로 책임진다'는 책임국방(責任國防)을 구현하여 확고한 안보태세(安保態勢)를 구축하기 위해 노력할 것이다. 전환기적(轉換期的) 안보상황에 대비하여 확고(確固)한 국방태세(國防態勢)를 유지한 가운데, 굳건한 한미동맹(韓美同盟) 기반 위에 전시작전통제권(戰時作戰統制權)의 조기(早期) 전환(轉換)을 통해 한국군 주도(主導)의 새로운 연합방위체제(聯合防衛體制)를 구축할 것이다. 미래 지향적이고 강도 높게 「국방개혁 2. 0」을 추진하여 국민들이 외부 환경의 변화에 불안감(不安感)을 느끼지 않도록 우리의 국방역량(國防力量)을 강화하고 방위사업(防衛事業)의 투명성(透明性)과 효율성(效率性)을 제고(提高)할 것이다. 아울러 장병(將兵) 인권보장(人權保障), 복무여건(服務與件) 개선(改善) 및 선진병영(先進兵營) 문화창출(文化創出)을 통해 국민과 함께하는 군대(軍隊)를 만들어 나가야 한다.

다. 균형(均衡) 있는 협력외교(協力外交) 추진

정부(政府)는 미국과 일본, 중국과 러시아 등 한반도(韓半島) 주변(周邊) 4국과의 협력을 강화하면서 아시아, 유럽, 중동, 아프리카 등으로 협력(協力)의 외연(外延)을 확장하는 균형(均衡) 있는 협력외교(協力外交)를 추진할 것으로 본다. 우선 기존(旣存)의 한미동맹(韓美同盟)을 안보 및 경제 협력, 인적 교류 등을 포함한 포괄적(包括的)인 관계로 심화 · 발전시켜 나가는 한편 주변국에 대한 협력외교(協力外交)를 강화함으로써 북한(北韓) 핵문제(核問題)를 평화적(平和的)으로 해결하고 동북아(東北亞)의 안정(安定)과 평화(平和)에 기여(寄與)해야 한다.

또한 신북방정책(新北方政策)과 신남방정책(新南方政策)을 추진하여 외교의 지평(地平)을 확장함으로써 한반도(韓半島)의 항구적(恒久的)인 평화(平和)와 번영(繁榮)을 위한 기반(基盤)을 확대(擴大)해 나가야 한다.

아울러 대규모의 자연재난(自然災難), 감염병(感染病), 마약(痲藥), 난민문제(難民問題) 등 초국가적(超國家的) 위협에 대해 국제사회(國際社會)와 공동대응(共同對應)하고, 공공외교(公共外交), 국제경제, 기후변화, 개발협력(開發協力) 등의 분야에서도 우리의 국력에 상응하는 국제협력(國際協力)과 기여외교(寄與外交)를 적극적으로 추진해야 한다.

라. 국민의 안전확보(安全確保) 및 권익보호(權益保護)

정부(政府)는 대규모의 재난(災難)과 사고(事故)에 대해 상시적(常時的)인 대응(對應)이 가능하도록 통합적(統合的)인 재난관리(災難管理) 체계를 구축하고 현장대응능력(現場對應能力)을 강화할 것이다. 사이버 위협, 테러 등 다양(多樣)한 유형(類型)의 비군사적(非軍事的) 안보위협(安保威脅)에 대응하기 위한 국가차원(國家次元)의 역량(力量)을 강화(强化)하고, 재외국민(在外國民)을 보호하는 데도 소홀(疏忽)함이 없도록 재외국민(在外國民) 보호(保護) 시스템을 더욱 강화해 나가야 한다.

제4절 북한(北韓)의 군사위협(軍事威脅)

1. 북한(北韓)의 대남(對南) 적화전략(赤化戰略)

가. 북한의 한반도(韓半島) 적화통일(赤化統一) 목표

북한(北韓) 김정은(金正恩) 정권(政權)의 최종 목표는 강성국가(强盛國家)의 건설로 북한체제(北韓體制)를 유지(維持)하고 한반도(韓半島) 적화통일(赤化統一)을 구현하며 사회주의체제(社會主義體制)를 확산시키는 것이다. 이를 요약하면 북한의 최종 목표는 '한반도(韓半島) 적화통일(赤化統一)'이다. 북한은 노동당(勞動黨) 규약(規約)과 조선인민민주주의(朝鮮人民民主主義) 공화국(共和國) 헌법(憲法)에서 북한정권(北韓政權)의 목표가 '한반도(韓半島) 적화통일(赤化統一)'임을 명백(明白)하게 밝히고 있다.

한반도(韓半島)의 적화통일(赤化統一)이 북한의 최종 목표라는 사실은 북한은 대한민국(大韓民國)을 공존(共存)하고 협력(協力)할 대상이 아니라 타도(打倒)하고 전복(顚覆)해야 할 대상으로 삼고 있음을 의미한다. 북한은 이러한 목표를 달성하기 위해 70여 년이 넘도록 간첩침투(間諜浸透), 지하당(地下黨) 조직(組織), 선전선동, 사이버 테러 등 갖가지 수단을 동원하여 대한민국 사회의 혼란(混亂)과 남남갈등(南南葛藤)을 통한 내부분열(內部分裂)을 획책(劃策)하여 왔다.

나. 민족해방민주주의(民族解放民主主義) 혁명전략(革命戰略)

북한의 적화통일전략(赤化統一戰略)은 대한민국 사회의 불만세력(不滿勢力)들과 계급(階級) 연대(連帶)를 통해 정치적 통일을 꾀하는 이른바 민족해방민주주의(民族解放民主主義) 혁명전략(革命戰略)이다.

1964년 2월에 북한은 한반도(韓半島) 적화통일(赤化統一)을 완성하기 위한 결정적(決定的) 시기(時期)를 조성한다는 목표 아래 이른바 '3대혁명역량강화'를 내걸고 '북조선 혁명역량 강화', '남조선 혁명역량강화', 그리고 '국제적 혁명역량 강화'를 강력하게 추진해 왔다. 이와 함께 7.4 남북 공동 성명 등을 통해 대화(對話)를 앞세우면서 한편으로는 휴전선(休戰線) 일대(一帶)에서 대대적(大大的)으로 남침용(南侵用) 땅굴을 파는 등 화전양면(和戰兩面) 전술(戰術)과 위장(僞裝) 평화공세(平和攻勢)를 구사해 왔다.

이후 1970년 11월에는 노동당 대회를 통해 2단계 대남전략(對南戰略)인 '민족해방민주주의(民族解放民主主義) 혁명전략(革命戰略)'을 채택(採擇)했다.

그 주요 내용은 다음과 같다.

1단계는 주한미군(駐韓美軍) 철수(撤收)와 함께 대남(對南) 침투공작(浸透工作) 등 다양한 대남 공세를 통해 대한민국에 인민민주주의(人民民主主義) 정권(政權)을 수립하는 것이고,

2단계는 대한민국(大韓民國) 내부(內部)의 연공정권(聯共政權)과 북한정권(北韓政權)이 합작(合作)하여 공산화(共産化) 통일(統一)을 달성한다는 것이다.

즉, 북한정권(北韓政權)과 연결된 연공정권(聯共政權)인 '자주민주정부(自

主民主政府)'를 수립한 후 이 정권과 북한정권이 연방제(聯邦制) 통일을 해나간다는 시나리오이다.

북한의 '민족해방민주주의(民族解放民主主義) 혁명전략(革命戰略)'은 공산주의자(共産主義者)들의 공통적인 전술(戰術)인 '통일전선전술(統一戰線戰術)'에 기초한다. 통일전선전술(統一戰線戰術)이란 힘이 부족하여 상대방을 타도(打倒)할 수 없을 때 다른 세력과 일시적으로 제휴(提携)한 후 적대세력(敵對勢力)을 하나씩 타도(打倒)하면서 궁극적(窮極的)인 목적을 이루는 공산주의자(共産主義者)들의 전형적(典型的)인 혁명전술(革命戰術)이다. 북한은 통일전선전술(統一戰線戰術)을 통해 한국 내 반정부 성향의 지식인, 학생, 노동자 등을 자기편으로 끌어들인 후 이들과 잠정적(暫定的)인 동맹체제(同盟體制)를 형성하여 친북정권(親北政權)을 수립한 다음 이 정권과 연합(聯合)하여 적화통일(赤化統一)을 달성하려고 한다.

북한은 끊임없이 '하나의 조선', '우리민족끼리', '민족공조(民族共助)', '반미자주(反美自主)'와 같은 민족정서(民族情緖)를 자극(刺戟)하는 정치구호를 내세우고 '주한미군(駐韓美軍) 철수(撤收)', '종전선언(終戰宣言)', '평화협정(平和協定) 체결(締結)', '국가보안법(國家保安法) 폐지(廢址)' 등을 주장하면서 연방제통일(聯邦制統一)을 목표로 대남전략(對南戰略)을 구사(構思)하고 있다.

이러한 북한의 연방제통일(聯邦制統一) 공세(攻勢)는 민족해방민주주의 혁명 전략에 기초한 '선(先)남조선 혁명 후(後)공산화 통일' 노선(路線)이며 적화통일(赤化統一) 목표를 실현하기 위한 통일전선(統一戰線) 전술(戰術)의 일환(一煥)이라고 볼 수 있다.

조선노동당규약, (2012년 4월 11일 개정)

"조선노동당(朝鮮勞動黨)의 당면목적은 공화국 북반부에서 사회주의(社會主義) 강성국가를 건설하며, 전국적 범위에서 민족해방민주주의 혁명(民族解放民主主義 革命)의 과업을 수행하는데 있으며, 최종 목적은 온 사회를 김일성-김정일주의화 하여 인민대중의 자주성을 완전히 실현하는데 있다."

"조선노동당은 남조선에서 미제침략 무력을 몰아내고 온갖 외세의 지배와 간섭을 끝장내며 일본 군국주의의 재침책동을 짓 부시며 사회의 민주화와 생존의 권리를 위한 남조선 인민들의 투쟁을 적극지지 성원하며 우리 민족끼리 힘을 합쳐 자주, 평화, 통일, 민족단결의 원칙에서 조국을 통일하고 나라와 민족의 통일적 발전을 이룩하기 위해 투쟁한다."

2. 북한군(北韓軍)의 실체(實體)

가. 북한군(北韓軍)의 성격(性格)

북한은 민족해방민주주의(民族解放民主主義) 혁명전략(革命戰略)을 추진하면서 한편으로는 무력도발(武力挑發)에 의한 적화통일(赤化統一) 전략을 병행(竝行)해서 추진해 왔다. 여건(與件)만 조성된다면 무력(武力) 적화통일(赤化統一)이 훨씬 더 빠른 방법이라고 판단하고 실제로 이러한 전략을 바탕으로 북한이 남침(南侵)을 감행(敢行)하여 일으킨 전쟁이 바로 6.25 전쟁인 것이다.

북한은 광복(光復) 이후 현재까지 대한민국(大韓民國)을 반민족적(反民族的), 외세(外勢) 굴종적(屈從的)인 미국(美國)의 식민지(植民地)로 규정하고 있다. 남한의 민족을 해방시켜야 한다는 것이 북한의 목표라고 강변(强辯)한다. 이에 따라 민족해방전쟁(民族解放戰爭)과 계급해방전쟁(階級解放戰爭)은 정의(正義)의 전쟁(戰爭)이라고 주장한다.

북한정권(北韓政權)은 북한군을 북한정권의 목표달성을 위한 수단(手段)으로 간주(看做)하고 있다. 즉 북한군을 '항일무장투쟁(抗日武裝鬪爭)의 영광스러운 혁명전통을 계승한 조선노동당의 혁명적(革命的) 무장력(武裝力)(조선노동당 규약 제46조)'로 정의하고 있으며, 군인들을 '당(黨)과 수령(首領), 조국과 인민을 위해 서슴없이 생명을 바칠 수 있는 진정(眞正)한 혁명전사(革命戰士, 조선노동당 규약 제48조)'가 되어야 함을 명백(明白)히 하고 있다.

따라서 북한군은 조선노동당(朝鮮勞動黨)의 군대(軍隊), 수령(首領)의 군대(軍隊), 혁명(革命)의 군대(軍隊)로서의 역할을 수행한다. 즉 북한 대내적으로는 통치자(統治者)를 수호(守護)하고 대외적으로는 남조선(南朝鮮) 해방(解放)을 통한 한반도(韓半島) 공산화(共産化)라는 수령(首領)의 정치적 목적을 실현하기 위한 무력수단(武力手段)인 것이다.

나. 북한의 군사전략(軍事戰略)

북한은 김일성 정권(金日成政權) 수립 이래 지속적으로 군사력(軍事力)을 증강해 왔다. 북한은 독자적(獨自的)인 전쟁(戰爭) 수행능력(遂行能力)을 갖추기 위해 1962년에 '국방에서의 자위(自衛) 원칙(原則)'을 선언하고 이른바 '4대 군사노선(軍事路線)'을 채택한 이후 군사(軍事) 우선주의(優先主義) 정책(政策) 즉 선군정치(先軍政治)를 유지해 왔다. 특히 김일성시대에는 선군정치(先軍政治)를 내세우며 대남(對南) 우위(優位)의 군사력 건설을 최우선 과제로 삼았다. 여기에는 1960년대 초반의 중소 분쟁, 쿠바사태를 통해서 더 이상 중국(中國)과 소련(蘇聯)에만 의존(依存)할 수 없다는 위기의식(危機意識)과 더불어 6.25 전쟁 당시 예상치 못했던 미군(美軍)의 참전(參戰)으로 패전(敗戰)한 경험 등이 영향을 미쳤다고 볼 수 있다.

북한의 군사전략(軍事戰略)은 기습(奇襲)을 통해 전쟁 초기에 남한 지역에 대공황(大恐慌)을 조성하고 전쟁(戰爭)의 주도권(主導權)을 장악(掌握)함과 동시에 대규모의 정규전(正規戰)과 비정규전(非正規戰)을 배합(配合)하여 남한 전역(全域)을 동시전장화(同時戰場化)하고 기계화 부대를 고속으로 돌진하여 미군의 추가 증원 이전에 대한민국(大韓民國) 전(全) 지역을 점령(占領)하는 속전속결(速戰速決) 전략(戰略)을 기본으로 하고 있다.

북한은 이렇게 선제기습(先制奇襲), 배합전(配合戰), 속전속결(速戰速決)의 공격적인 군사전략을 바탕으로 군사력(軍事力)의 2/3를 휴전선(休戰線) 가까이 전진(前進) 배치(配置)하여 기습(奇襲) 공격태세(攻擊態勢)를 갖추고 있다. 또한 약 300여 문의 장사정포(長射程砲)로 서울을 위협할 뿐만 아니라 대량살상무기(大量殺傷武器)로 남한 전 지역을 동시(同時) 다발적(多發的)으로 타격(打擊)할 수 있는 능력을 갖추고 있다.

특히 2000년대에 들어서서 국제적(國際的)인 경고(警告)와 제재(制裁)에도 불구하고 계속되는 핵실험(核實驗)을 통한 핵무기(核武器) 개발로 인해 북한의 군사전략(軍事戰略)은 이제 예측불허(豫測不許)의 큰 위협(威脅)으로 대한민국(大韓民國)은 물론이고 주변 국가들에게도 큰 군사적(軍事的) 위협(威脅)이 되고 있다.

3. 북한군(北韓軍)의 전쟁수행능력(戰爭遂行能力)

북한은 2011년에 김일성 - 김정일 - 김정은으로 이어지는 3대에 걸친 정권세습(政權世襲) 이후 남북관계에 있어서 주도권(主導權) 장악(掌握) 노력과 함께 핵(核) 개발(開發)에 따른 국제제재(國際制裁) 및 고립국면(孤立局面)

탈피를 위한 외교활동(外交活動)에 주력(注力)해 왔다. 또한 핵무기(核武器)와 대륙간탄도미사일(ICBM)을 비롯한 대량살상무기(大量殺傷武器, WMD) 개발, 재래식전력(在來式戰力) 증강, 대남(對南) 무력도발(武力挑發)과 사이버 공격, 소형 무인기(無人機, UAV) 침투 등 지속적인 도발(挑發)을 해 왔으나, 2018년 들어 김일성시대부터 주장해 왔던 이른바 '한반도(韓半島) 비핵화(非核化) 목표'를 표방(標榜)하면서 남북(南北) 및 미북(美北) 관계 개선 등을 통해 평화적 이미지를 부각(浮刻)하는 동시에 국제사회(國際社會)에서 정상국가(正常國家)로서의 위상(位相) 정립(定立)에 주력하고 있다(국방백서, 2018).

2018년 12월 기준(基準)으로, 북한군(北韓軍)의 군사력(軍事力)과 전쟁수행능력(戰爭遂行能力)은 다음과 같이 요약할 수 있다.

가. 육군(陸軍)

북한 육군(陸軍)은 총참모부(總參謀部) 예하에 10개의 정규 전·후방 군단, 2개의 기계화 군단, 제91수도방어 군단(구, 평양방어사령부), 고사포 군단, 제11군단(전략적 특수전 부대, 폭풍 군단),1개 기갑사단, 4개 기계화 보병사단, 1개 포병사단 등으로 편성되어 있다.

총참모부(總參謀部)는 지휘정보국(指揮情報局) 신편(新編) 등 조직 개편과 통합전술지휘체계 구축을 통하여 C4I능력을 강화하고 있으며, 사이버전 수행능력도 강화하고 있다.

북한은 육군전력(陸軍戰力)의 약 70%를 평양~원산선 이남 지역에 배치하여 언제든지 기습공격(奇襲攻擊)을 감행할 수 있는 태세를 갖추고 있다. 전방에 배치된 170mm 자주포와 240mm 방사포는 남한 수도권(首都圈) 지역에 대한 기습적(奇襲的)인 대량(大量) 집중공격(集中攻擊)이 가능하고 최근 개발이 완료되어 일부 지역에 실전배치(實戰配置)된 300mm 방사포(放射砲)는 대전(大田)을 중심으로 하는 중부권(中部圈) 지역까지 공격이 가능하다. 또한 122mm와 200mm 견인(牽引) 방사포를 추가 생산하여 전방(前方)과 해안(海岸) 지역에 집중 배치하고 최근에는 사거리(射距離) 연장탄(延長彈) 및 정밀유도탄(精密誘導彈) 등의 다양한 특수탄(特殊彈)을 개발하여 운용하고 있다. 기갑(機甲) 및 기계화(機械化) 부대(部隊)는 선군호(先軍號) 및 준마호(駿馬號) 등 신형 장비를 추가 생산하거나 부분적(部分的) 성능개량(性能改良)을 통해 작전능력(作戰能力)을 향상시키고 있다.

북한군 특수전(特殊戰) 병력은 2018년 현재 약 20만여 명에 달하는 것으로 평가된다. 특수전(特殊戰) 부대(部隊)는 제11군단과 전방 군단의 경보병사, 여단 및 저격여단(狙擊旅團), 해군과 항공 및 반항공소속 저격여단, 전방사단의 경보병연대(經步兵聯隊) 등 전략적(戰略的), 작전적(作戰的), 전술적(戰術的) 수준의 부대로 다양(多樣)하게 편성(編成)되어 있다.

최근에는 요인(要人) 암살작전(暗殺作戰)을 전담하는 특수작전 부대를 창설하였고, 특수전 부대의 위상을 강화하기 위해 '특수작전군(特殊作戰軍)'을 별도의 군종(軍種)으로 분류하는 등 특수작전(特殊作戰) 능력을 지속적으로 강화하고 있다.

특수전 부대는 전시(戰時)에 땅굴을 이용하거나 잠수함(潛水艦), 공기부양정(空氣浮揚艇), AN-2기, 헬기 등 다양한 침투 수단을 이용하여 남한 전·후방 전 지역에 침투하여 주요 부대 시설타격(施設打擊), 요인암살(要人暗殺), 후방교란(後方攪亂) 등 배합작전(配合作戰)을 수행할 것으로 판단된다.

나. 해군(海軍)

북한 해군(海軍)은 해군 사령부 예하에 동·서해 2개 함대 사령부, 13개 전대(戰隊), 2개의 해상저격여단(海上狙擊旅團)으로 편성되어 있다.

해군은 총전력의 약 60%를 평양~원산선 이남에 전진 배치하여 상시(常時) 대남(對南) 기습공격(奇襲攻擊)을 할 수 있는 능력을 보유하고 있으나, 소형 고속함정(高速艦艇) 위주로 편성되어 원해(遠海) 작전능력이 제한된다.

수상전력(水上戰力)은 유도탄정(誘導彈艇), 어뢰정(魚雷艇), 소형 경비정 및 화력지원정(火力支援艇) 등 대부분 소형 고속함정(高速艦艇)으로 구성되어 있으며, 지상작전(地上作戰)과 연계하여 지상군(地上軍)의 진출을 지원하고 연안방어(沿岸防禦) 등의 임무를 수행한다. 최근 신형 중대형 함정과 다양한 종류의 고속특수선박(高速特殊船舶)을 배치하여 수상공격(水上攻擊) 능력을 향상시키고 있다.

수중전력(水中戰力)은 로미오급 잠수함(潛水艦)과 잠수정(潛水艇) 등 70여 척으로 구성되어 있으며 해상 교통로 교란(攪亂), 기뢰부설(機雷敷設), 수상함(水上艦) 공격, 특수전 부대의 침투 지원 등의 임무를 수행한다. 최근에는 잠수함발사탄도미사일(SLBM) 탑재(搭載)가 가능한 고래급 잠수함(潛水艦)을 건조(建造)하여 실전배치(實戰配置)하는 등 수중전력(水中戰力)을 증강하고 있다.

상륙전력(上陸戰力)은 공기부양정(空氣浮揚艇), 고속상륙정(高速上陸艇) 등 250여 척으로 구성되어 있으며 대부분 소형함정(小型艦艇)으로 특수전 부대를 남한의 후방 지역에 침투시켜 주요 군사, 전략시설을 타격하고 중요 상륙해안(上陸海岸)을 확보하는 임무를 수행할 것으로 판단된다.

다. 공군(空軍)

북한 공군(空軍)은 항공(航空) 및 반항공사령부(反抗空司令部) 예하에 5개 비행사단, 1개 전술수송여단(戰術輸送旅團), 2개 공군저격여단(空軍狙擊旅團) 등으로 편성되어 있다.

북한 공군(空軍)은 북한 전역을 4개 권역(圈域)으로 나누어 전력(戰力)을 배치하고 있으며, 총 1,640여 대의 공군기(空軍機)를 보유하고 있는 것으로 평가된다. 전투임무기(戰鬪任務機)는 810여 대 중 약 40%를 평양~원산선 이남에 전진(前進) 배치(配置)해 놓고 있어서 최소의 준비만으로 신속(迅速)하게 공격(攻擊)할 수 있는 태세를 갖추고 있다. 또한 AN-2기와 헬기를 이용한 대규모 특수전부대(特殊戰部隊)의 침투능력을 갖추고 있으며, 정찰(偵察) 및 공격용(攻擊用) 무인기(無人機)를 생산하여 실전배치(實戰配置)하고 있다.

방공(防空) 체계(體系)는 항공(航空) 및 반항공군사령부(反航空軍司令部)를 중심으로 항공기, 지대공 미사일, 고사포, 레이더 부대 등으로 통합 구축되어 있다. 전방 지역과 동·서부 지역에는 SA-2와 SA-5 지대공(地對空) 미사일이 배치되어 있으며, 평양 지역(平壤地域)에는 SA-2와 SA-3 지대공 미사일과 고사포(高射砲)를 집중 배치하여 다중의 대공(對空) 방어망(防禦網)을 형성하고 있다. 또한 GPS 전파(電波) 교란기(攪亂器)를 포함한 다양한 전자(電子) 교란(攪亂) 장비를 개발하여 대공방어(對空防禦)에도 운용(運用)하고 있는 것으로 판단된다.

라. 전략군(戰略軍)

북한은 전략(戰略) 로켓사령부를 전략군(戰略軍)으로 확대 개편하여 별도

(別途)의 군종사령부(軍種司令部)로 운용하고 있으며, 사령부 예하에 9개의 미사일 여단을 편성하고 있는 것으로 추정된다. 전략군(戰略軍)은 중국군의 로켓군, 러시아군의 전략미사일군과 유사(類似)한 기능을 수행할 가능성이 높은 것으로 판단된다.

북한은 전략적(戰略的) 공격능력(攻擊能力)을 보강하기 위해 핵, 탄도미사일, 화생방(化生放) 무기 등 대량살상무기(大量殺傷武器, WMD)를 지속적으로 개발하고 있다. 1980년에 영변(寧邊)의 5MWe 원자로(原子爐)를 가동한 후 폐연료봉(廢燃料棒) 재처리(再處理)를 통해 핵물질(核物質)을 확보하였고, 이후 2006년 10월부터 2017년 9월까지 총 6차례의 핵실험(核實驗)을 감행(敢行)하였다. 북한은 수차례의 폐연료봉 재처리 과정을 통해 핵무기(核武器)를 만들 수 있는 플루토늄을 50여 kg 보유하고 있는 것으로 추정되며, 고농축(高濃縮) 우라늄(HEU)도 상당량을 보유한 것으로 평가된다. 또한 핵무기(核武器) 소형화 능력도 상당한 수준에 이른 것으로 판단된다.

북한은 1970년대부터 탄도(彈道) 미사일 개발에 착수하여 1980년대 중반에 사거리(射距離) 300km의 스커드-B와 사거리 500km의 스커드-C를 배치하였으며, 1990년대 후반에는 사거리(射距離) 1,300km의 노동미사일을 배치하였고, 그 후 스커드 미사일의 사거리(射距離)를 연장(延長)한 스커드-ER을 배치하였다. 2007년에는 사거리 3,000km 이상의 무수단 미사일을 시험발사(試驗發射) 없이 배치하여 한반도(韓半島)를 포함한 주변국(周邊國)에 대한 직접적인 타격능력(打擊能力)을 보유하게 되었다.

북한은 전진(前進) 배치(配置)되었거나 개발 중인 미사일에 대한 시험발사(試驗發射)를 2012년부터 본격적으로 시작하였으며, 2017년에는 북극성-2형, 화성-12형, 화성-14형, 화성-15형 미사일 등을 시험발사(試驗發射)하였다. 특히 2017년 5월과 8월, 9월에는 화성-12형을 북태평양 상공으로 발사하였으며, 7월과 11월에는 미국(美國) 본토(本土)를 위협(威脅)할 수 있는 화성-14형과 화성-15형을 시험 발사하였다. 그러나 탄두(彈頭)의 대기권(大氣圈) 재진입기술(再進入技術) 확보 여부(與否)를 검증(檢證)할 수 있는 시험발사(試驗發射)는 실시하지 않았다.

"知彼知己 百戰不殆(지피지기 백전불태)"
"적(敵)을 알고 나를 알면 백번 싸워도 위태롭지 않다."
~ 손자병법(孫子兵法) 모공(謀攻) 편 ~

CHAPTER

08

동맹(同盟)과 다자(多者) 안보협력(安保協力)

CONENTS

제1절 동맹(同盟, Alliance)

1. 동맹(同盟, Alliance)의 의미(意味)

사전적(辭典的) 의미(意味)의 동맹(同盟)이란 개인, 단체 및 국가가 어떤 목적을 이루기 위해 상호(相互) 동일(同一)한 행동을 취할 것을 맹세(盟誓)하여 맺는 약속(約束)이나 언약(言約)을 뜻한다. 군사동맹(軍事同盟)이란 두 국가 또는 그 이상의 국가 간에 상호(相互) 군사지원(軍事支援) 약속을 말한다. 즉, 군사동맹(軍事同盟)을 맺은 한 국가가 적국(敵國)으로부터 침략을 받았을 경우에 동맹(同盟)을 맺은 국가들이 공동(共同)으로 전쟁(戰爭)에 참여(參與)하기로 약속하는 형태를 말한다.

한 국가가 그 나라의 국가안보(國家安保)를 위한 가장 확실한 방법은 그 나라 스스로 나라를 지키는 자주국방(自主國防)이다. 그러나 자주국방(自主國防)은 경제적(經濟的)으로 많은 부담(負擔)을 가져와서 결국 그 나라의 경제발전에 제약(制約)을 줄 수 있기 때문에 경제 건설과 더불어 국가안보(國家安保)를 동시에 달성하면서 확고한 안보태세(安保態勢)를 유지하는 방법으로 이 동맹(同盟)이란 수단(手段)을 이용하고 있는 것이다(남기봉, 2011).

2. 동맹의 유형(類型)

오늘날 국제사회에서 존재하고 있는 동맹(同盟)의 유형(類型)은 여러 가지 가치기준(價値基準)에 근거하여 다음과 같이 분류(分類)할 수 있다.

가. 지리적(地理的) 범위 : 범세계적(汎世界的)/ 지역적(地域的) 동맹

범세계적(汎世界的) 동맹(同盟)은, 1920년에 제1차 세계대전에서 승리한 연합국을 중심으로 설립된 국제연맹(國際聯盟, League of Nation)이나 1945년에 제2차 세계대전(世界大戰) 후 전쟁방지(戰爭防止)와 세계평화(世界平和)를 위해 설립된 국제연합(國際聯合, United Nation) 같은 조직(組織)을 들 수 있다.

반면에, 지역적(地域的) 동맹(同盟)은 제2차 세계대전 후 시작된 냉전(冷戰) 체제(體制)하에서 미국이 주도하여 맺은 북대서양조약기구(北大西洋條約機構, NATO)나 소련이 주도하여 맺은 바르샤바 조약기구(WTO) 같은 조직(組織)을 들 수 있다.

북대서양조약기구(北大西洋條約機構, NATO)는 미국과 서부 유럽 국가를 중심으로 체결되었고 1949년 4월에 조인(調印)하여 1949년 8월 24일부터 효력이 발생하였다. 바르샤바 조약기구(WTO)는 북대서양조약기구(北大西洋條約機構, NATO에 맞서기 위해서 소련과 동부 유럽 국가들이 중심이 되어 1955년 5월 14일에 체결되었으나 1991년에 소련연방(蘇聯聯邦)이 붕괴(崩壞)되면서 1991년 4월 1일에 해체(解體)되고 말았다.

이러한 맥락(脈絡)에서 볼 때 한미(韓美同盟)이나 미일동맹(美日同盟)은 지역적(地域的) 동맹(同盟)에 해당(該當)된다고 할 수 있다.

나. 동맹(同盟) 참가국 수 : 양자동맹(兩者)/다자동맹(多者同盟)

동맹(同盟)에 참가(參加)하는 국가(國家)의 수(數)를 기준으로, 양자동맹(兩者同盟)과 다자동맹(多者同盟)으로 나누이진다. 양자동맹(兩者同盟)은 동맹에 참가하는 나라가 2개국인 경우를 말하며, 한미동맹(韓美同盟)과 미일동맹(美日同盟)이 대표적인 양자동맹 사례라고 할 수 있다. 다자동맹(多者同盟)은 동맹(同盟)에 참가하는 나라가 3개국 이상인 경우로서 북대서양조약기구(北大西洋條約機構, NATO)가 이 경우에 해당된다.

다. 국가이익(國家利益) : 동종(同種) / 이종이익(異種利益) 동맹

국가가 동맹(同盟)을 통해서 얻을 수 있는 이익(利益)의 종류(種類)에 따른 분류이다. 동종이익(同種利益) 동맹(同盟)이란 동맹에 참여한 국가가 동맹을 통해서 얻을 수 있는 이익이 같은 동맹이다. 영국과 미국 사이에 맺어진 영미동맹(英美同盟)이 대표적인 동종이익 동맹이라고 할 수 있다. 제2차 세계대전 이전에 미국과 영국은 독일을 견제(牽制)함으로써 군사적(軍事的), 경제적(經濟的)으로 동일(同一)한 이익(利益)을 추구하기 위해서 상호(相互) 동맹(同盟)을 체결하게 되었다.

이종이익(異種利益) 동맹(同盟)이란 동맹에 참여한 국가 상호 간의 이익이 서로 다른 동맹이다. 한국(韓國)과 미국(美國) 사이에 체결(締結)된 한미동맹(韓美同盟)이 대표적인 사례이다. 한국(韓國)은 동맹(同盟)을 통하여 국가안보적(國家安保的) 이익(利益)을 추구하였고, 미국(美國)은 동맹(同盟)을 통하여 동북아시아 지역에서의 전초기지(前哨基地)를 확보(確保)함으로써 이 지역에서의 세력균형(勢力均衡)을 유지하기 위한 주도권(主導權)을 확보할 수 있는 이익(利益)을 추구하게 된 것이다.

제2절 한미동맹(韓美同盟)

1. 개요(槪要)

한미동맹(韓美同盟)은 6.25 전쟁 이후 한반도(韓半島)에서 북한(北韓)의 남침(南侵)과 군사적(軍事的) 위협(威脅)에 대응(對應)하기 위해 1953년에 대한민국(大韓民國)과 미국(美國) 사이에 체결(締結)된 한미상호방위조약(韓美相互防衛條約)을 기초로 하여 맺어진 동맹(同盟)이다. 한미상호방위조약(韓美相互防衛條約)의 체결로 한미동맹관계는 법적, 국제적 기반을 마련했다. 이렇게 결성(結成)된 한미동맹은 북한(北韓)의 위협(威脅)으로부터 대한민국(大韓民國)을 안전(安全)하게 보호(保護)하는 초석(礎石)이 되었고 대한민국이 경제적(經濟的) 발전(發展)을 이룩할 수 있는 기반(基盤)이 되었다. 이러한 한미상호방위조약(韓美相互防衛條約)의 체결은 1953년 정전협정(停戰協定) 과정에서 보여 준 지도자의 통찰력과 혜안(慧眼), 그리고 외교적(外交的) 수완(手腕)이 있었기에 가능했다.

우리나라와 대적(對敵)하고 있는 북한정권(北韓政權)은 지금 이 순간에도 한반도(韓半島) 적화통일(赤化統一)의 목표를 달성하기 위해 주한미군(駐韓美軍) 철수(撤收)를 끈질기게 주장하고 있다. 특히 2018년부터 시작된 북한(北韓)의 비핵화(非核化)를 위한 남북정상회담(南北頂上會談)에 이은 미북정상회담(美北頂上會談)을 진행하면서 핵(核) 무장(武裝)과 평화회담(平和會談)이라고 하는 양면(兩面) 노선(路線)을 유지한 채 한반도(韓半島)에서의 안보의 불확실성(不確實性)과 불예측성(不豫側性)을 한층 더 고조(高潮)시키고 있다.

만약 우리가 최근에 남북정상회담(南北頂上會談)과 북미정상회담(北美頂上會談)을 통해 추상적(抽象的)으로 보이는 장밋빛 평화(平和) 분위기(雰圍氣)에 취해서 북한이 주장하는 이른바 통일전선(統一戰線) 전략(戰略)에 현혹(眩惑)되어 한미동맹(韓美同盟)의 가치(價値)를 훼손(毁損)하는 불상사가 생긴다면 베트남의 비극적(悲劇的)인 역사(歷史)가 한반도에서도 그대로 재연(再演)될 수 있음을 간과(看過)해서는 안 될 것이다. 북한의 완전(完全)한 비핵화(非核化)를 통해 한반도(韓半島)에 진정한 평화(平和)가 정착(定着)되고 전쟁(戰爭) 없는 평화통일(平和統一)을 이루어 내기 위해서는 월남(越南) 패망(敗亡), 베트남 통일의 교훈(敎訓)을 타산지석(他山之石)으로 삼아야 한다.

2. 한미상호방위조약(韓美相互防衛條約)

대한민국(大韓民國) 초대(初代) 대통령(大統領)으로 취임한 이승만(李承晩, 1875~1965)의 최우선 과제는 국가(國家)의 생존(生存), 즉 외부의 위협으로부터 나라를 안전하게 지켜 생존(生存)하는 것이었다. 그는 평생의 경험을 살려 미국으로부터 그 답을 찾았다. 이승만(李承晩) 대통령은 한국처럼 신생(新生) 약소국가(弱小國家)가 생존(生存)과 번영(繁榮)을 확실하게 확보할 수 있는 길은 미국(美國)과 같은 초강대국(超强大國)과 동맹(同盟) 관계(關係)를 맺는 길이라고 판단하고 대한민국 정부 수립 후부터 미국과의 상호방위조약(相互防衛條約) 체결을 간절히 희망했다.

6.25 전쟁 당시 휴전회담(休戰會談)이 시작되면서 이승만(李承晩) 대통령의 지속적인 휴전반대(休戰反對)와 북진통일(北進統一) 주장은 한미상호방위조약(韓美相互防衛條約) 체결을 이끌어 내는 데 결정적 역할을 하게 된

다. 1951년 7월에 휴전회담(休戰會談)이 시작된 이후 이승만(李承晚) 대통령은 대한민국(大韓民國)의 안보(安保)와 생존(生存)이 보장(保障)되지 않는 휴전(休戰)에 반대하면서 한미 간에 상호방위조약(相互防衛條約)을 체결할 것을 강력히 주장하였다.

그러나 미국의 아이젠하워(Dwight David Eisenhower, 1890~1969) 대통령은 1953년 1월에 취임하자마자 대선(大選) 공약(公約)으로 내걸었던 6.25 전쟁의 조기휴전(早期休戰)을 위한 조치들을 적극 추진하였다. 그리고 1953년 4월에 전쟁포로(戰爭捕虜) 문제로 인해 장기간 중단되었던 휴전(休戰) 협상(協商)을 재개(再開)하였다, 그해 6월 8일의 휴전협상(休戰協商)에서 미국과 북한이 전쟁포로(戰爭捕虜) 교환(交換)에 합의하는 등 정전협정(停戰協定)의 최종 타결(妥結) 움직임이 전해지자 정전협정(停戰協定) 이전에 미국과 상호방위조약(相互防衛條約)을 체결하려던 한국정부는 즉각 휴전(休戰) 반대운동(反對運動)을 전개하였다. 그리고 같은 해 6월 18일에는 이승만(李承晚) 대통령의 명령으로 2만 7천여 명의 반공포로(反共捕虜)를 석방(釋放)하는 조치를 단행하였다.

결국, 미국은 휴전(休戰)을 둘러싼 한미 간의 갈등(葛藤) 국면(局面)을 타개(打開)할 수 있는 유일한 방안으로 상호방위조약(相互防衛條約) 체결(締結)에 동의하였다. 그 결과 1953년 10월 1일 워싱턴에서 양국(兩國) 정부(政府)에 의해 한미상호방위조약(韓美相互防衛條約)이 조인(調印)되었고 이듬해인 1954년 1월 15일 대한민국(大韓民國) 국회비준(國會批准)과 1월 26일 미국(美國) 의회비준(議會批准)의 절차를 밟아 1954년 11월 17일부로 역사적(歷史的)인 한미상호방위조약(韓美相互防衛條約)이 공식적으로 발효(發效)되었다.

이처럼 한미상호방위조약(韓美相互防衛條約)은 우리나라의 필요에 의해 체결된 조약(條約)이고, 이 조약(條約)으로 형성된 굳건한 한미동맹(韓美同盟)은 정전협정(停戰協定) 이후 지금까지 한반도(韓半島)에서 전쟁(戰爭)의 재발(再發)을 막았고 대한민국(大韓民國)의 생존(生存)과 번영(繁榮)을 확보하는 데 지대(至大)한 역할을 담당해 왔다.

> "Freedom is not free"
>
> "자유(自由)는 그냥 주어지는 것이 아니다."
>
> ~ 미국 워싱턴 한국전 참전 기념 공원 ~

한미상호방위조약 주요 내용

1. 조약 당사국 중 한 나라의 정치적 독립 또는 안전이 외부의 무력공격에 의하여 위협받고 인정될 경우 언제든지 양국은 서로 협의한다.
2. 각 당사국은 상대 당사국에 대한 무력공격을 자국의 평화와 안전을 위태롭게 하는 것이라고 인정하고 공동의 위험에 대처하기 위하여 각자의 헌법상의 절차에 따라 행동한다.
3. 이에 따라 미국은 자국의 육·해·공군을 대한민국 영토 내와 그 부근에 배비(配備)할 수 있는 권리를 갖고 대한민국은 이를 허락한다.
4. 이 조약은 어느 한 당사국이 상대 당사국에 1년 전에 미리 폐기 통보하기 이전까지 무기한 유효하다.

3. 한미동맹(韓美同盟)의 중요성

미국 워싱턴 시내에 위치한 한국전(韓國戰) 참전(參戰) 기념공원에 있는 '한국전쟁(韓國戰爭) 참전(參戰) 기념비(記念碑)'에는 다음과 같은 추모(追慕) 글이 새겨져 있다.

"우리나라는 자신들이 알지도 못하는 나라, 만난 적도 없는 사람들을 지키기 위해 조국의 부름에 응한 우리의 아들과 딸들을 기린다(Our nation honors her sons and daughters who answered the call to defend they never knew a people they never met.).

6.25 전쟁 당시 미국은 대한민국을 지키기 위해 사망(死亡) 36,940명, 부상(負傷) 92,134명, 실종(失踪) 3,737명, 전쟁포로(戰爭捕虜) 4,439명 등 총 137,250명이라는 엄청난 희생(犧牲)을 감내(堪耐)했다.

6.25 전쟁에 참전(參戰)한 미군 중에는 아이젠하워 대통령과 클라크 유엔군사령관의 아들 등 미국의 고위인사(高位人事) 자녀(子女)들도 다수 참전(參戰)하였다. 당시에 미국 현역(現役) 장군(將軍)의 아들 142명이 참전(參戰)했고, 그 가운데 35명이 전사(戰死)하거나 부상(負傷)당했다. 클라크 유엔군사령관의 아들 빌 대위는 일선(一線) 소총(小銃) 중대장(中隊長)을 자원(自願)하여 '단장의 능선 전투'에서 3차례나 부상(負傷)을 입었고 결국 그 후유증(後遺症)으로 사망했다. 밴 플리트 미 8군 사령관의 아들 짐 밴플리트 중위는 적(敵) 지역을 폭격(爆擊)하기 위해 전투기(戰鬪機)를 몰고 출격(出擊)하였다가 격추(擊墜)되어 전사(戰死)했다.

대한민국도 한미동맹(韓美同盟) 차원(次元)에서 베트남 전쟁에 미군(美軍)을 지원(支援)하기 위해 파병(派兵)하였다. 베트남 전쟁이 치열해지면서 지원군(支援軍)이 필요했던 미국의 존슨 대통령이 1964년 5월에 대한민국 박정희 대통령에게 한국군(韓國軍) 파병(派兵)을 정식 요청하였고 대한민국은 1964년 9월부터 1973년 3월까지 육군(陸軍, 백마부대, 맹호부대, 비둘기부대)과 해병대(海兵隊, 청룡부대)를 중심으로 약 8년 6개월 동안 총 34만여 명이 참전(參戰)하여, 전사(戰死) 5,099명, 부상(負傷) 10,962명, 실종(失踪) 4

명 등 16,065명에 이르는 많은 희생(犧牲)을 치르기도 했다.

이처럼 한미동맹(韓美同盟)은 피로 맺은 동맹(同盟)이었다. 즉 혈맹(血盟)에 기초하여 지난 60여 년간 굳건한 동맹(同盟) 관계(關係)를 발전시켜 왔다.

가. 북한 도발(挑發) 억제(抑制)에 결정적 기여(寄與)

한미동맹(韓美同盟)은 세계 제일의 군사(軍事) 강국(强國)인 미국의 지원을 보장하는 역할을 함으로써 북한의 도발(挑發)을 억제(抑制)하는 데 결정적(決定的) 기여(寄與)를 하고 있다. 주한미군(駐韓美軍)은 24시간 한반도(韓半島) 상공(上空)을 감시(監視)할 수 있는 정찰위성(偵察衛星)과 최소 8만 피트 상공에서 정찰임무(偵察任務)를 수행하는 U-2기 등 첨단(尖端) 정보수집 수단 위성을 이용하여 북한군의 움직임을 실시간으로 파악하여 한국군(韓國軍)에게 제공(提供)해 주고 있다. 미군이 보유하고 있는 이러한 정보수집(情報蒐集) 자산(資産)이야말로 북한군의 무력도발(武力挑發)을 억제(抑制)하는 핵심요소이며 유사시 최소의 피해로 신속하게 적(敵)을 격퇴(擊退)할 수 있는 능력을 보장해 줄 수 있다. 이처럼 주한미군(駐韓美軍)은 한반도에서 전쟁(戰爭)을 억제(抑制)시키는 방패(防牌) 역할(役割)을 담당하고 있다.

또한 한미 양국은 키리졸브(KR, 동맹연습) 연습과 독수리훈련(FE), 을지프리덤가디언(UFG, 연합지휘소 연습) 연습 등 다양한 한미연합(韓美聯合) 연습(鍊習)을 통해 전시 연합 작전계획을 점검하고 전투준비태세(戰鬪準備態勢)를 완비하기 위해 최선을 다하고 있으며, 유사시(有事時)에 한반도에 전개(展開)하게 될 미국의 증원전력(增援戰力)은 한반도 위기(危機) 및 전시(戰時)에 결정적으로 전쟁(戰爭)의 승리(勝利)를 보장(保障)하는 역할을 하게 된다.

나. 경제발전(經濟發展)에 기여(寄與)

한미동맹(韓美同盟)은 국가안보(國家安保)뿐만 아니라 우리나라의 경제발전(經濟發展)과 안정(安定)에도 크게 기여(寄與)해 왔다. 6.25 전쟁 이후 북한과의 체제대결(體制對決) 과정에서 미국의 지원하에 대북(對北) 억제력(抑制力)을 유지할 수 있었고, 이를 바탕으로 고도(高度)의 경제성장(經濟成長)을 이룰 수 있었던 것이다.

우리나라는 1961년 기준으로 1인당 GNP가 83달러밖에 되지 않았지만, 2018년 기준 1인당 GNP가 3만 달러를 넘어설 정도로 눈부신 경제성장(經濟成長)을 함으로써, 세계 역사상 전쟁(戰爭)의 폐허(廢墟) 속에서 가장 빠른 기간 내에 고도성장(高度成長)을 하는 나라로 우뚝 설 수 있었다.

한미동맹(韓美同盟)은 우리나라의 안보(安保) 비용(費用)을 절감(節減)시켜 주는 효과를 가져왔다. 주한미군(駐韓美軍)이 보유(保有)하고 있는 군사장비와 전시예비탄약, 사전(事前) 비축장비(備蓄(裝備) 등 주한미군(駐韓美軍)의 자산(資産) 가치(價値)는 약 200억 달러(22조 원)에 달한다고 볼 수 있다. 주한미군(駐韓美軍)으로부터 발생하는 경제적(經濟的) 가치(價値)도 상당한 규모(規模)에 이르고 있으며 이는 우리나라의 안보(安保) 투자비용(投資費用)을 크게 절감(節減)해 주는 효과가 있다고 할 수 있다.

다. 동북아(東北亞) 평화(平和)를 위한 안정자(安定者) 역할

한반도(韓半島) 주변(周邊)의 일본, 중국, 러시아 등은 경제력(經濟力)은 물론이고 군사력(軍事力) 측면에서도 매우 강력한 힘을 보유하고 있는 국가들이다.

한반도 주변 국가 중에서 특히 중국은 최근 들어서 G2라는 글로벌(global)

위상(位相)에 걸맞게 항공모함(航空母艦)을 건조(建造)하고 이를 통해 군사력(軍事力)을 해외로 투사(投射)하려는 움직임을 보이고 있다.

일본은 이에 대응하여 자위대(自衛隊)를 전쟁할 수 있는 정식(正式) 군대(軍隊)로 바꾸기 위한 법률을 정비하는 등 군사력(軍事力)의 양적(量的), 질적(質的) 증강을 꾀하고 있어 동북아 지역에서의 군비경쟁(軍備競爭)을 촉발(觸發)시키고 있다.

러시아는 태평양(太平洋)으로 진출(進出)을 꾸준히 모색(摸索)하면서 일본과의 영토분쟁(領土紛爭)에서도 양보(讓步)할 기색(氣色)을 보이지 않는 가운데 여전히 동북아 지역에서의 군사적(軍事的) 영향력(影響力)을 높이려는 시도(試圖)를 계속하고 있다.

이들 국가들은 한반도를 중심으로 하는 동북아시아 및 태평양상에서 자국의 이익을 위해서라면 댜오위다오(센카쿠 열도), 쿠릴열도, 독도, 이어도 등을 대상으로 자국(自國)의 영유권(領有權)을 주장하면서 영토분쟁(領土紛爭)이 진행 중에 있어 언제든지 군사적(軍事的) 충돌(衝突)로 비화(飛化)될 가능성을 안고 있다.

이처럼 군사적(軍事的) 주도권(主導權) 다툼이 치열한 한반도 지역에서 주한미군(駐韓美軍)의 역할은 주변 강대국(强大國)들과의 세력균형(勢力均衡)에 있어서 중요한 중심축(中心軸)의 역할을 하고 있을 뿐만 아니라 동북아 지역의 안정(安定)과 평화유지(平和維持)를 위한 안정자(安定者) 역할을 수행하고 있다.

4. 21세기 미래지향적(未來指向的) 한미동맹(韓美同盟)

2013년 5월, 한미동맹(韓美同盟)이 맺어진 지 60년이 지나고 이제 한미동맹 70주년을 향해 달려 나가고 있다. 21세기를 맞이하면서 양국은 미래지향적(未來指向的)인 동맹관계(同盟關係)로 발전시켜 나가려는 노력들을 꾸준히 하고 있다.

한미(韓美)는 2009년 6월에 '한미동맹을 위한 공동 비전', 2013년 5월에는 '한미동맹 60주년 기념 공동 선언', 2015년에는 '한미관계현황 공동설명서, 한미동맹: 공동의 가치 새로운 지평'에서 재확인되었던 한미 간의 공동의 가치와 상호신뢰(相互信賴)에 기반(基盤)하여 한미동맹을 포괄적(包括的) 전략동맹(戰略同盟)으로 발전시켜 나가고 있다.

한미동맹(韓美同盟)은 한반도를 넘어 동북아(東北亞)와 세계(世界)의 평화(平和)와 번영(繁榮)에 기여하는 평화구축(平和構築) 동맹(同盟)을 지향(指向)하면서 한반도 평화유지 차원을 넘어 국제평화유지활동(國際平和維持活動, PKO), 안정화(安定化) 및 재건지원(再建支援), 인도적 지원 및 재난 구조를 포함하여 상호 관심을 기울이고 있는 광범위한 범세계적(汎世界的) 안보위협(安保威脅)에 관한 협력을 지속적으로 강화하고 있다.

그 대표적인 활동이 이라크 평화(平和) · 재건(再建)을 위한 파병(자이툰 사단), 아프가니스탄 파병(오쉬노 부대), 레바논 파병(동명부대), 남수단 파병(한빛부대), 필리핀 재난복구 파병(아라우 부대) 등 범세계적(汎世界的)인 평화유지(平和維持)와 재난(災難) 구조(救助) 활동에 한미동맹 차원에서 한국군(韓國軍)이 주도적(主導的)으로 파병활동(派兵活動)을 전개(展開)하고 있다.

한미동맹(韓美同盟)은 우주(宇宙) 및 사이버 공간(空間)에서의 협력도 강화하고 있다. 2012년에 한미 국방우주협력(國防宇宙協力) 실무그룹(SCWG1)

약정을 체결하였고, 2014년에는 우주상황 인식 서비스 및 정보공유 관련 양해각서(諒解覺書, MOU)를 체결하였다. 한미 양국은 우주(宇宙)에서의 임무(任務) 중요성(重要性)을 공유(共有)하고 우주작전(宇宙作戰) 연합훈련 및 한미 우주 분야 고위급 토의식 연습(TTX2)을 실시하고 있으며, 미 공군 우주교육과 훈련에 한국 장교의 파견을 추진하고 있다.

한미동맹(韓美同盟)은 사이버 분야에서도 동맹(同盟)의 능력을 발전시키고 있다. 2013년에 이와 관련된 약정(約定)을 체결(締結)하고 한미 국방사이버정책 실무협의회(CCWG3)를 매년 2회씩 정기적으로 개최하고 있으며, 2015년에는 사이버 분야 정보교환(情報交換) 운영예규를 체결하여 효과적(效果的)이고 적시적(適時的)인 사이버 관련 정보교류(情報交流) 기반을 마련하였다. 2016년에는 한미사이버실무협의체(ROK-US Cyber Task Force)를 구성하여 구체적(具體的)인 국방사이버 협력방안(協力方案)을 검토하고 있다.

앞으로도, 대한민국(大韓民國) 정부(政府)는 미국(美國) 정부(政府)와 한미동맹관계(韓美同盟關係)에 있어서 21세기 미래지향적(未來指向的)인 한미동맹(韓美同盟) 발전방안을 공유하고, 핵심(核心) 현안(懸案) 논의(論議)와 정책수립 과정에서 긴밀(緊密)하게 협의(協議)해 나가야 할 것이다.

제3절 다자(多者) 안보협력(安保協力)

1. 개요(概要)

국제사회(國際社會)에 있어서 다자(多者) 안보협력(安保協力)이란 지역 내 국가들 간에 불편한 관계를 해소하고 화해(和解)와 협력(協力)을 통하여 상호 간의 분쟁예방(紛爭豫防), 위기관리(危機管理), 분쟁(紛爭)의 평화적(平和的) 해결(解決), 공동(共同) 번영(繁榮) 등을 도모(圖謀)하여, 무력시위(武力示威)나 경제제재(經濟制裁) 등의 조치를 배제(排除)하고 서로 대화를 통해 안보(安保) 현안(懸案)을 해결하기 위해 등장한 새로운 형태의 안보방법이라고 할 수 있다.

이러한 다자(多者) 안보협력(安保協力)의 개념에는 공동안보(共同安保), 협력안보(協力安保), 포괄안보(包括安保) 등이 포함된다(남기봉, 2011).

2. 공동안보(共同安保, Common Security)

가. 공동안보(共同安保,Common Security) 개념

먼저, 공동안보(共同安保) 개념이다. 국제사회(國際社會)에서 다자(多者) 안보협력(安保協力) 개념(概念)의 하나로 공동안보(共同安保)라는 용어가 등장하게 된 것은 1982년에 스웨덴 총리 팔메가 창립했던 '팔메위원회'가 지구상에서의 핵(核) 전쟁(戰爭) 발생의 위험성을 경고하고, 핵(核) 전쟁(戰爭)으로부터 인류(人類)의 공멸(共滅)을 방지하기 위하여 이른바 '적(敵)과의 동침(同枕)'을 주장하면서부터라고 할 수 있다.

공동안보(共同安保)의 개념은 '적(敵)과의 공존(共存)을 통해야만 국가안보를 달성할 수 있다'는 가정(假定)하에 적대국(敵對國)의 존재를 인정하고 적대국(敵對國)의 안보(安保)도 보장(保障)함으로써 상호(相互) 전쟁(戰爭)의 위험성(危險性)을 줄이고 자국(自國)의 안보(安保)도 달성하는 공동생존(共同生存)의 개념이라고 할 수 있다.

나. 공동안보(共同安保)의 주요내용

국가들 간의 공동안보(共同安保)를 달성하기 위해서는 상호 간에 전쟁(戰爭) 준비태세(準備態勢)를 공격적(攻擊的) 태세(態勢)에서 방어적(防禦的) 태세(態勢)로 바꾸고, 군사력 수준도 최소한의 억제(抑制) 수준으로 낮추어야 한다. 여기서 말하는 방어적(防禦的) 태세(態勢)란, 군사력을 선제공격(先制攻擊)을 통한 전쟁에서 승리하기 위한 수단이 아니라 전쟁(戰爭)을 예방(豫防)하고 방어(防禦)하는 수단으로 사용하는 것을 의미한다.

그 뿐만 아니라 무기체계(武器體系)도 방어(防禦) 위주(爲主)로 전환(轉換)하고 군비통제(軍備統制)를 강화하는 방법 등이 여기에 해당될 수 있다.

그리고, 군사력(軍事力) 수준을 최소한의 수준으로 낮추어야 한다는 의미는 상대국(相對國)의 핵(核) 공격(攻擊)을 억제(抑制)할 수 있도록 최소한(最小限)의 보복(報復) 능력(能力)을 보유하는 것을 말하며, 재래식(在來式) 군사력(軍事力)의 경우는 영토(領土)를 방위(防衛)할 수 있는 정도의 군사력을 의미한다.

다. 공동안보(共同安保) 사례

구(舊) 소련(蘇聯)의 고르바초프(Mikhail Gorbachev, 1931~)는 개혁(改革)과 개방(開放)을 주장하면서 미국과의 관계 개선을 추진하였다. 미국과 소련은 1991년 7월에 전략무기감축협정(戰略武器減縮協定, START)에 서명(署名)하였다. 주요 내용은 향후 7년 이내(以內)에 전략(戰略) 핵탄두(核彈頭), 탄도(彈道) 미사일, 전략폭격기(戰略爆擊機) 등을 현재의 1/2 수준으로 감축(減縮)한다는 것이다. 이에 따라서 소련은 우크라이나, 벨라루스, 카자흐스탄 등에 배치되어 있던 전술(戰術) 및 전략(戰略) 핵무기(核武器)를 철수(撤收) 후 파괴(破壞)시키고, 미사일 발사대(發射臺)를 해체하였고 미국의 부시(George H. W. Bush, 1924~2018) 대통령도 핵탄두와 핵무기를 미국으로 철수 후 파괴하고 전략폭격기(戰略爆擊機)의 일일(一日) 경고임무(警告任務)와 대륙간탄도미사일(ICBM)의 경고임무(警告任務)를 해제한 바 있는데 이러한 것들이 공동안보의 좋은 사례라고 할 수 있다.

3. 협력안보(協力安保, Cooperation Security)

가. 협력안보(協力安保) 개념

다자(多者) 안보협력(安保協力) 개념의 하나인 협력안보(協力安保) 개념이 등장하게 된 것은 범세계적(汎世界的)으로 발생하는 안보위협 즉, 2011년 3월에 발생한 동일본(東日本) 대지진(大地震)과 쓰나미(지진으로 인한 해일)로 인한 후쿠시마 원자력(原子力) 발전소(發電所) 폭발(爆發)에 따른 방사능(放射能) 누출(漏出), 일부 국가들에 의한 대량살상무기(大量殺傷武器,

WMD) 확산, 테러, 해적(海賊), 전염병(傳染病) 등과 같은 초국가적(超國家的) 위협(威脅)들이 발생함에 따라 개별(個別) 국가(國家)의 힘으로는 해결할 수 없고, 국가 간(國家間) 협력(協力)이나 초국가적(超國家的) 기구를 통해서만 해결할 수 있는 시대적(時代的) 요구(要求)에 의해서 등장하게 되었다고 볼 수 있다.

나. 협력안보(協力安保)의 특징(特徵)

협력안보(協力安保)의 특징(特徵)은 다음과 같이 설명할 수 있다.

첫째, 예방(豫防) 외교(外交)를 중요시(重要視)한다.

국가 간에 위협을 예방하기 위하여 사전에 타 국가를 방문하여 대화(對話)와 협력(協力)을 함으로써 군사적(軍事的) 위협(威脅)과 비군사적(非軍事的) 위협(威脅)을 동시에 감소시킬 수 있으며, 상대국의 군사력 운용에 대한 투명성(透明性)과 예측(豫測) 가능성(可能性)을 높여서 기습 공격의 위험을 사전(事前)에 예방(豫防)할 수 있고 줄일 수 있다.

둘째, 안보체제(安保體制) 구축(構築)을 필요로 한다.

협력안보(協力安保)가 지향(指向)하는 궁극적인 장치는 안보체제(安保體制) 구축(構築)이라고 볼 수 있다. 안보체제 구축을 위해서는 관련 국가들이 현상 유지에 만족해야 하며, 국가들 간에 상호(相互) 체제(體制)를 신뢰(信賴)하고 가치가 있다는 확신이 있어야 한다.

셋째, 협력국가(協力國家)들이 자국(自國)의 이익(利益)을 최소화(最小化)하려는 노력이 필요하다.

협력안보(協力安保)를 위해 필요한 안보협력기구가 구성되기 위해서는 관련국들이 자국(自國)의 이익(利益)을 최소화(最小化)해야 상대국(相對國)의 손실(損失)도 최소화(最小化)될 수 있다는 것을 확실하게 알고 노력해야 한다.

다. 협력안보(協力安保) 사례

협력안보(協力安保)의 대표적인 사례는 1994년에 체결된 유럽안보협력기구(OSCE)와 아시아 지역 안보포럼(ARF) 등이 있다.

4. 포괄안보(包括安保, Comprehensive Security)

가. 포괄안보(包括安保) 개념(槪念)

국제사회(國際社會)는 20세기 말에 냉전체제(冷戰體制)가 종식(終熄)됨에 따라 군사적(軍事的) 분야 못지않게 비군사적(非軍事的) 분야가 한 국가의 안보에 미치는 영향이 더욱 커졌다는 것을 인식하게 되었다. 국가안보 위협이 군사적(軍事的) 분야(分野)뿐만 아니라, 정치(政治), 경제(經濟), 사회(事會), 문화(文化), 과학기술(科學技術), 환경(環境) 등 비군사적(非軍事的) 분야(分野)를 포함(包含)하게 됨으로써 국가안보 개념이 변화되었다.

따라서 포괄안보(包括安保)의 개념(槪念)은 군사적(軍事的) 위협(威脅)뿐만 아니라 국경(國境)을 초월(超越)한 국제범죄(國際犯罪), 전염병(傳染病), 테러, 해적(海賊), 환경파괴(環境破壞), 에너지 문제 등과 같은 국가와 국민의 생명과 안전을 위협하는 초국가적(超國家的) 위협(威脅)이 등장함으로써, 이제 21세기는 포괄적(包括的) 측면에서 국가안보(國家安保)가 다루어져야 한다는 것을 의미(意味)한다고 할 수 있다.

나. 포괄안보태세(包括安保態勢) 유지방안(維持方案)

국제사회에 있어서 한 국가가 포괄안보(包括安保)를 유지하는 방안은 다음과 같이 검토해 볼 수 있다.

첫째, 국가안보(國家安保)와 개인(個人)의 관계(關係)를 잘 설정해야 한다.

사적(私的)인 것보다 공적(公的)인 것을, 소(小)보다는 대(大)를 위해서 국가(國家)를 우선(優先)하는 건전(健全)한 민주시민(民主市民)으로 거듭나는 것이 무엇보다 중요하다. 특히 민주화(民主化) 과정(過程)에서 잘못 도입(導入)된 불법적(不法的)이고 집단(集團) 이기주의적(利己主義的)인 시위행태(示威行態)부터 개선해야 한다. 폭력적(暴力的)이고 무질서(無秩序)한 시위행태(示威行態)는 사회질서(社會秩序)를 문란(紊亂)하게 하고 대규모 안전사고와 사회적 혼란을 야기할 수 있기 때문에 국민들의 의식변화(意識變化)와 아울러 사회질서(社會秩序)를 유지하는 공권력(公權力)의 확립과 엄정(嚴正)한 집행(執行)도 병행(竝行)되어야 한다.

둘째, 국가안보(國家安保)의 주체(主體)는 국가(國家)이며 그 대상은 내외부적(外部的) 위협(威脅)임을 명심해야 한다.

대한민국에서 현실적(現實的)으로 최대(最大)의 안보위협(安保威脅)은 무엇이라고 설명할 수 있는가?

누가 뭐래도 북한에 의한 군사적(軍事的) 위협(威脅)을 빼놓을 수 없다. 북한의 군사적(軍事的) 위협(威脅)이 상존불변(尙存不變)인 동북아(東北亞, East North Asia) 국제안보환경(國際安保環境) 현실을 전제(前提)로 할 때, 그러한 위협의 성격과 강도(强度)에 적절한 대응 수단을 갖추어야 한다. 특히 북한이 핵무기(核武器)와 미사일 개발로 무장하고 있는 한반도(韓半島)의 안보현실(安保現實) 속에서 미・일・중・러 등 주변 국가들과 긴밀(緊密)하게 협조(協助)하고 굳건한 한미동맹(韓美同盟) 속에서 대한민국(大韓民國)의 안보(安保)를 담보(擔保)해 낼 수 있는 포괄안보(包括安保) 전략(戰略)을 구사해야 한다.

CHAPTER

09

통일(統一) 대한민국(大韓民國)의 미래(未來)

CONENTS

제1절 남북분단(南北分斷)의 문제점(問題點)

대한민국(大韓民國)은 반세기(半世紀)가 넘도록 통일(統一)된 국가(國家)를 이루지 못하고 분단(分斷)의 고통(苦痛) 속에서 살아왔다. 일제(日帝) 식민지(植民地)로부터 해방(解放)되었음에도 불구하고 북위 38도선을 경계로 국토(國土)가 분단(分斷)된 데 이어 북한 김일성(金日成) 정권(政權)의 기습적(奇襲的)인 남침(南侵)에 의해 촉발(觸發)된 6.25 전쟁(戰爭)이라는 동족상잔(同族相殘)의 비극을 겪으면서 분단(分斷)상태가 더욱 고착(固着)되었다.

남북 분단 상황의 지속은 불필요한 국력(國力) 낭비(浪費)와 이산가족(離散家族)의 고통(苦痛), 자원(資源)의 분할사용(分割使用) 등 남북의 발전과 번영을 저해(沮害)하고 있다. 또한 분단(分斷)의 장기화(長期化)는 남북 간 이질화(異質化), 경제적(經濟的) 격차(隔差) 등을 심화시키고 있을 뿐만 아니라 우리 사회의 통일(統一)에 대한 무관심(無關心)과 부정적(否定的)인 인식(認識)을 확산(擴散)시키고 있다.

남북통일(南北統一)은 분단된 국토가 하나가 되는 것은 물론, 정치(政治)·군사(軍事)·사회적(社會的)으로 대립(對立)되었던 체제(體制)와 경제적으로 서로 다른 제도를 하나로 만들고, 남북 간의 이질적(異質的)인 문화(文化)를 다시 하나로 탄생(誕生)시키는 것이다.

그리고, 통일(統一)은 분단 이전의 상태로 되돌아가는 것이 아니라 자유민주주의(自由民主主義)와 시장경제(市場經濟), 인간(人間)의 존엄(尊嚴)과 가치(價値) 존중(尊重) 등을 기반으로 하는 민족(民族) 공동체(共同體)의 건설(建設)을 의미한다고 할 수 있다. 이런 점에서 통일(統一)은 남북한 구성원 모두에게 자유(自由)롭고 인간다운 삶을 위한 우리 민족(民族)의 새로운 역사(歷史)를 만들어 나가는 창조적(創造的)이고 역사적(歷史的)인 작업이라 고 할 수 있다.

제2절 통일(統一)의 필요성(必要性)

우리 국민들은 통일(統一)의 필요성(必要性)과 당위성(當爲性)에 대해서는 대체로 긍정적(肯定的)이나 통일(統一)로 인해 얻을 수 있는 혜택(惠澤)보다는 통일(統一)을 위한 비용(費用)이 더 크고 경제적(經濟的), 사회적(社會的) 부작용(副作用)이 더 클 것이라는 우려(憂慮)를 가지고 있다. 그러나 우리는 이처럼 통일(統一)에 대한 막연(漠然)한 불안(不安)과 걱정을 갖기 보다는 통일(統一) 과정(過程)에서 발생하는 비용(통일비용)과 통일(統一)의 편익(便益), 그리고 분단 상태를 유지하기 위하여 발생하는 비용(분단비용)에 대한 비교(比較) 분석(分析)을 통해 이 문제를 명확(明確)하게 인식(認識)할 필요가 있다.

이런 면에서 볼 때, 우리가 통일(統一)을 반드시 이루어야 하는 이유(理由)를 다음과 같이 정리(整理)할 수 있다.

1. 민족적(民族的) 정체성(正體性) 회복(回復)

우리 민족(民族)은 역사적(歷史的)으로 동일(同一)한 언어(言語)와 문화(文化)를 지니고 수많은 국난(國難)을 겪으면서도 민족 공동체(民族共同體) 의식을 가지고 단결(團結)하여 통일국가(統一國家)를 발전시켜 온 역사(歷史)를 가지고 있다. 그러나 1945년 이후 남과 북으로 분단(分斷)된 채로 70여 년을 지나오는 동안 서로 다른 체제(體制)와 이념(理念) 속에서 살아오면서 서로 다른 생활양식(生活樣式)과 가치관(價値觀)을 갖게 되었고, 그로 인해 문화적(文化的) 이질화(異質化)가 심화(深化)되면서 민족의 정체성(正體性)

이 크게 훼손(毁損)되었다.

따라서 통일(統一)은 같은 민족으로서 문화적(文化的)인 동질성(同質性)을 회복하여 분단으로 인해 굴절(屈折)되고 왜곡(歪曲)된 역사(歷史)를 바로잡고 민족의 역량(力量)을 극대화(極大化)하는 새로운 민족 공동체(民族共同體)를 만들어야 한다는 점에서 반드시 실현(實現)되어야 한다.

2. 안보위험(安保危險) 해소(解消)

남북분단(南北分斷)으로 인해 오늘날 한반도(韓半島)는 전쟁(戰爭)의 위험(危險)에서 벗어나지 못하고 있다. 남북 간의 적대적(敵對的)인 대립관계(對立關係) 속에서 우리는 6.25 전쟁이라는 동족비극(同族悲劇)을 겪었고, 이후에도 북한의 끊임없는 도발(挑發)로 인해 크고 작은 무력(武力) 충돌(衝突)을 치러야만 했다. 현대의 고도(高度)로 발달된 무기체계(無機體系)에 의한 전쟁(戰爭)의 폐해(弊害)와 첨예(尖銳)하게 집중(集中)된 남북한의 군사력(軍事力)을 고려할 때 한반도(韓半島)에서 다시 한 번 전쟁(戰爭)이 일어난다면 우리 민족(民族)의 공멸(共滅)을 피할 길이 없다는 사실을 결코 잊어서는 안 될 것이다.

남북관계는 교류(交流)와 협력(協力)이 증진(增進)되더라도 언제든지 다시 대결구도(對決構圖)로 되돌아갈 수 있는 불안정(不安定)한 상태에 있다. 우리는 남북통일(南北統一)이 남북 간의 대결(對決) 구도(構圖)를 청산(清算)하고 한반도(韓半島)에서 안보(安保)의 위험(危險)을 해소(解消)하고 남북 공동체 구성원의 자유(自由)롭고 평화(平和)로운 삶을 보장(保障)할 수 있다는 사실을 깊이 인식해야 한다.

3. 국가발전(國家發展)의 원동력(原動力) 구축(構築)

남북통일(南北統一)은 전쟁(戰爭)의 위험(危險)을 해소(解消)하여 한반도(韓半島)에서 항구적(恒久的)인 평화(平和)를 보장(保障)할 뿐 아니라 이념적(理念的) 대립(對立)과 갈등(葛藤)을 종식(終熄)시킴으로써 사회적(社會的) 통합(統合)과 국론(國論) 결집(結集)을 가능하게 한다. 이는 국가발전의 새로운 에너지로 승화될 수 있다. 또한 통일(統一)로 인한 안보(安保) 위협(威脅)의 해소(解消)는 국제적(國際的)으로 국가신용등급(國家信用等級)과 국가브랜드(Brand) 가치(價値)를 높여 ‘코리아 디스카운트(Korea Discount)’에서 ‘코리아 프리미엄(Korea Premium)’이라는 새로운 가치(價値)를 창출(創出)할 것이다.

남북통일(南北統一)은 이처럼 새로운 성장(成長) 동력(動力)과 경제시장(經濟市場) 확보를 통해 우리나라의 비약적(飛躍的)인 성장(成長)을 가능하게 할 것이다.

우선적(優先的)으로, 국토면적(國土面積)의 확장(擴張)과 인구증가(人口增加)로 인해 내수시장(內需市場)이 확대(擴大)되고 한반도 단일(單一) 경제권(經濟圈)이 형성되어 남한(南韓)의 자본(資本)과 기술(技術)이 북한(北韓)의 노동력(勞動力), 지하자원(地下資源)과 결합(結合)함으로써 새로운 성장 동력을 갖추게 될 것이다. 이와 더불어 통일(統一)된 한국(韓國)은 한반도(韓半島)의 지정학적(地政學的) 특성(特性)을 살려 태평양, 중국, 시베리아, 유럽, 아시아를 연결하는 물류(物類) 및 교통(交通)의 중심지(허브, Herb)로 부상(浮上)할 것이다.

4. 통일국가(統一國家) 국민지위(國民地位) 보장(保障)

남북분단(南北分斷)과 6.25 전쟁(戰爭)으로 인해 가족과 헤어졌던 이산가족(離散家族)들은 70여 년이 지나도록 서로의 생사(生死)조차 모른 채 지내온 이산(離散)의 고통(苦痛)을 해소(解消)하고, 극심한 기아(飢餓)와 빈곤(貧困), 정치적(政治的) 억압(抑壓) 속에서 인간으로서 가장 기본적인 인권조차도 보장받지 못하는 북한주민(北韓住民)들의 삶을 개선(改善)하는 차원에서도 통일(統一)은 반드시 이루어져야 한다. 통일(統一)은 남북 구성원 모두에게 전쟁(戰爭)의 위험(危險)으로부터 벗어나 자유롭고 평화로운 삶을 보장하여 자유(自由)와 복지(福祉), 인간(人間)의 존엄(尊嚴)과 가치(價値), 인권(人權) 존중(尊重)이라는 혜택(惠澤)을 누리도록 하기 위해 반드시 필요한 것이다.

궁극적(窮極的)으로 남북통일(南北統一)은 한반도(韓半島)에서 전쟁(戰爭) 위험(危險)을 제거(除去)함으로써 남북 간의 소모적(消耗的)인 경쟁(競爭)과 대결(對決)로 인한 민족적(民族的) 역량(力量)의 낭비(浪費)를 없애고 한반도(韓半島)에 단일(單一) 경제권(經濟圈)을 형성함으로써 대한민국(大韓民國)이 세계(世界) 강국(强國)으로 나아갈 기초를 마련해 줄 것이다. 더 나아가 대륙(大陸)과 해양(海洋)을 연결하는 세계경제(世界經濟)의 중심지(中心地)로서, 그리고 동북아(東北亞) 지역에서의 평화(平和) 및 공동(共同) 발전(發展)을 선도(先導)하는 국가로서 국제적(國際的) 위상(位相)을 한 층 더 높여 줄 것이다.

제3절 분단국(分斷國)의 통일사례와 교훈(敎訓)

20세기 이후 지구상(地球上)의 분단국가(分斷國家)로서 통일(統一)을 이룬 사례(事例)는 독일, 베트남, 예멘 등을 들 수 있다. 제2차 세계대전 후 미국과 소련을 중심으로 구축(構築)된 이른바 동서(東西) 냉전체제(冷戰體制, Cold War System)하에서 분단(分斷)과 대립(對立)을 해 오던 독일, 베트남, 예멘 등 3국은 통일(統一) 방식(方式)은 서로 달랐지만 1975년에 베트남이, 1990년에 독일이, 그리고 1994년에 예멘이 각각 통일(統一)을 이루었다.

베트남의 경우는 공산진영(共産陣營, 북베트남)에 의한 일방적인 무력(武力) 공산통일(共産統一)의 사례이고, 독일은 동독(東獨)이 자발적(自發的)으로 서독(西獨)에 편입된 평화적(平和的)인 통일(統一)이며, 예멘은 상호 합의 통일 후 무력(武力)에 의해 재통합(再統合)된 사례이다. 이들 국가의 통일은 경험적(經驗的)으로 관찰할 수 있는 구체적(具體的)인 통일사례(統一事例)라는 점에서 통일(統一)을 염원(念願)하고 있는 우리에게 많은 시사점(示唆點)과 교훈(敎訓)을 주고 있다고 할 수 있다..

1. 독일(獨逸) 통일(統一)

1989년, 소련의 개혁(改革)·개방정책(開放政策, Perestroika)으로 인해 냉전체제(冷戰體制)가 와해(瓦解)되어 가던 시기에 개혁을 요구하는 동독(東獨) 주민들에 의해 베를린(Berlin) 장벽(障壁)이 붕괴(崩壞)되면서 동독에서 자유총선거가 실시되고 동·서독 간의 통일(統一) 조약(條約)이 체결됨으로써 1990년 10월에 마침내 통일독일(統一獨逸)의 꿈을 이루게 되었다. 독일

(獨逸)의 통일은 동독(東獨)이 자발적(自發的)으로 서독체제(西獨體制)로 편입을 결정하고 서독(西獨)이 이를 받아들임으로써 평화적(平和的)으로 완성되었다.

독일(獨逸)의 통일(統一)은 서독 정부의 꾸준한 노력과 함께 동독의 변화, 국제협력(國際協力)과 집단안보체제(集團安保體制) 구축을 통한 안보(安保) 불안(不安) 요소(要素)의 제거(除去), 냉전체제(冷戰體制)의 종식(終熄) 등 안보환경의 변화가 복합적으로 작용한 결과라고 볼 수 있다.

서독(西獨)은 월등(越等)한 경제적 우위와 북대서양조약기구(北大西洋條約機構, NATO)를 통한 튼튼한 안보(安保)를 바탕으로 적극적인 교류(交流)와 협력(協力)을 추진하여 동독의 변화를 이끌어 내는 한편, 독일(獨逸) 통일(統一)에 반대(反對)하는 강대국(强大國)들을 설득(說得)하는 데 성공(成功)함으로써 통일(統一)을 이룰 수 있었다. 이와 함께 서독은 국민 정치교육을 통해 자유민주주의(自由民主主義) 체제(體制)의 우수성에 대한 인식을 공고히 한 가운데 동독에 대한 이해를 증진시키고 통일(統一) 의식(意識)을 고취(鼓吹)함으로써 통일(統一)의 내적(內的) 기반(基盤)을 마련하였다.

그러나, 서독(西獨)이 사전(事前)에 통일(統一)을 위해 철저히 준비(準備)했음에도 불구하고 독일의 통일이 예상보다 빨리 이루어짐에 따라 동·서독 통합과정에서 다양한 사회적(社會的) 문제(問題)들이 대두(擡頭)되었다. 동독 경제를 재건(再建)하기 위한 통일비용(統一費用) 문제, 동·서독 주민(住民)들 간의 갈등(葛藤)을 비롯한 여러 가지 문제가 발생한 것이다. 그럼에도 불구하고 독일 연방정부(聯邦政府)와 통일독일(統一獨逸) 국민들의 노력으로 인해 점차적(漸次的)으로 정치·경제적 안정을 되찾고 사회적 갈등도 줄어들면서 오늘날 통일독일(統一獨逸)은 유럽통합(EU) 과정에서도 주도적(主導的) 역할을 담당하는 유럽의 중심국가로 우뚝 설 수 있었다.

2. 베트남(Vietnam) 통일(統一)

오랜 세월 동안 프랑스의 지배 아래 있던 베트남(Vietnam)은 1954년 제네바 협정에 의하여 북쪽에는 공산주의체제(共産主義體制)인 북베트남이, 남쪽에는 자유민주주의(自由民主主義) 체제(體制)인 남베트남 정권이 수립되었다. 남북 분단 후 북(北)베트남은 적화통일(赤化統一)을 위해 '베트콩(Vietcong)'이라고 불리는 남(南)베트남 민족해방전선(民族解放戰線)을 결성하여 테러 · 파괴 · 게릴라 활동 등을 지속적으로 전개(展開)하였다. 이에 남(南)베트남은 미국(美國)의 지원(支援)하에 전쟁(베트남 전쟁)을 수행하였지만 북(北)베트남과 베트콩(Vietcong)의 조직적(組織的)인 공세(攻勢)로 많은 피해를 입었다. 그리고 1973년에 파리조약으로 미군(美軍)이 철수(撤收)하자 북(北)베트남은 전면전(全面戰)을 감행(敢行)하여 1975년에 남(南)베트남 정부를 붕괴(崩壞)시킴으로써 베트남을 적화통일(赤化統一) 하였다.

북(北)베트남은 남(南)베트남에 통일전선(統一戰線)을 구축하여 국론분열(國論分裂)과 사회혼란(社會混亂)을 조성하고 정부에 대한 국민(國民)의 지지(支持)를 무력화(無力化)시킴으로써 효과적으로 베트남 공산화(共産化)를 이룰 수 있었다. 반면에 남(南)베트남은 미국(美國)의 지원(支援)으로 막강(莫强)한 군사력(軍事力)을 보유하고 있었지만 국민들의 안보의식(安保意識) 약화(弱化)로 전쟁수행(戰爭遂行)이 불가능했던 것이다.

베트남의 공산화(共産化) 통일(統一)은 처참(悽慘)한 결과를 가져왔다. 공산당(共産黨) 지도자들은 베트남 공산통일(共産統一) 후(後) 심각(深刻)한 인권유린(人權蹂躪)을 자행(恣行)하였고, 그 결과 90여 만 명의 베트남인이 '보트피플(Boat People)'이 되어 조국(祖國)을 버리고 자유(自由)를 찾아 베트남을 탈출(脫出)하였다.

3. 예멘(Yemen) 통일(統一)

오랜 세월 동안 외세(外勢)의 지배(支配)를 받아오던 예멘(Yemen)은 1960년대에 남북(南北)으로 분단(分斷)된 상태에서 각각(各各) 독립(獨立)을 이루게 되었다. 북(北)예멘에서는 이슬람교를 중심으로 하는 자본주의(資本主義)체제(體制)가, 남(南)예멘에서는 공산주의체제(共産主義體制)가 각각 자리 잡게 되었다. 그 결과 크고 작은 전쟁(戰爭)을 겪으면서 무력충돌(武力衝突), 평화협정(平和協定) 체결(締結), 통일원칙(統一原則) 합의(合意) 등의 절차(節次)가 반복(反復)되어 오다가 남북예멘 간의 권력(權力) 배분(配分)에 합의(合意)함으로써 1990년 5월에 마침내 정치적(政治的) 통일(統一)을 이루게 되었다.

그러나 남북예멘의 지도자(指導者)들은 정치적(政治的) 통합(統合)에만 관심을 가졌을 뿐, 사회적(社會的) 통합(統合)에는 관심을 갖지 않았다. 남북주민 간의 불신(不信)과 갈등(葛藤)은 반정부(反政府) 시위(示威), 노동자(勞動者) 파업(罷業), 주민폭동(住民暴動) 등으로 연결되며 예멘은 사회적(社會的) 위기(危機)를 맞게 되었다. 이러한 위기(危機)를 불식(不息)시키기 위해 1994년 남북 예멘의 지도자들이 평화협정(平和協定)에 서명(署名)하였지만 양측 간에 무력(武力) 충돌(衝突)이 발생하였고 결국 북(北)예멘이 승리함으로써 무력(武力)에 의해 재통합(再統合)되었다.

예멘은 통일(統一)을 달성(達成)하는 데는 성공(成功)했지만 사회적(社會的) 통합(統合)을 등한시(等閑視)한 채 정치적(政治的) 합의(合意)에만 지나치게 의존함으로써 결과적으로 전쟁(戰爭)을 통한 재통합의 과정을 겪어야만 했다.

4. 분단국(分斷國) 통일사례(統一事例)의 교훈(教訓)

독일(獨逸), 베트남(Vietnam). 예멘(Yemen)은 각각(各各) 다양(多樣)한 방식(方式)으로 통일(統一)을 이룩한 만큼 그 문제점 또한 다양하게 드러나게 되었다. 이들 3개국의 통일(統一) 경험(經驗)은 통일(統一) 대한민국(大韓民國)을 준비하고 있는 우리에게는 다음과 같은 매우 중요(重要)하고 의미(意味) 있는 교훈(教訓)을 시사(示唆)해 주고 있다.

첫째, 한반도(韓半島) 통일(統一)은 반드시 전쟁(戰爭) 없는 평화적(平和的)인 방법(方法)으로 이루어져야 하며, 평화적(平和的) 통일(統一)을 이루기 위해서는 우선적으로 튼튼한 안보(安保)가 뒷받침되어야 한다.

베트남(Vietnam) 통일 사례에서 알 수 있듯이 전쟁(戰爭)에 의한 공산화통일(共産化統一)은 국토(國土)를 황폐화(荒廢化)시키고 막대(莫大)한 인명피해(人命被害)를 초래(招來)한다. 또한 통일 후에도 국민들 간의 적대감(敵對感)이 증폭(增幅)되어 사회적 통합을 저해(沮害)하게 된다.

서독(西獨)은 북대서양조약기구(北大西洋條約機構, NATO)와 같은 집단안보체제(集團安保體制)를 통해 안보(安保) 불안(不安)을 우선적(優先的)으로 해소(解消)했기 때문에 동독(東獨)에 대해 적극적인 포용정책(包容政策)을 추진할 수 있었다.

북한정권(北韓政權)은 6.25 전쟁(戰爭)을 일으켰던 전력(前歷)이 있고, 지금까지도 군사적(軍事的) 도발(挑發)과 핵무장(核武裝)을 통한 위협(威脅)을 멈추지 않고 있기 때문에 우리는 안보역량(安保力量)을 강화(强化)하여 북한의 무모(無謀)한 도발(挑發)을 억지(抑止)함으로써 한반도(韓半島)에 실질적(實質的)인 평화체제(平和體制)가 정착(定着)될 수 있도록 노력해야 한다.

둘째, 통일(統一)은 자유민주주의(自由民主主義) 체제(體制)에 대한 확신(確信)과 국민적(國民的) 합의(合意)를 바탕으로 투명(透明)하게 추진되어야 한다.

베트남(Vietnam)은 평화(平和)를 담보(擔保)할 수 있는 제도적 장치가 없이 남북 베트남 간에 평화협정을 서둘러서 체결함으로써 결국 북베트남의 통일전선전술(統一戰線戰術)로 공산화(共産化)되었다.

그리고 예멘(Yemen)의 정치적 통일은 병존(竝存)할 수 없는 두 체제의 기계적(機械的)인 통합(統合)이었기에 결국은 내전(內戰)으로 끝나게 되었다. 따라서 통일(統一)은 통일(統一) 후의 사회상(社會相)에 대한 명확한 합의(合意)가 전제(前提)되어야 하며 이를 위해서는 자유민주주의(自由民主主義) 체제(體制)에 대한 확신(確信)과 통일과정(統一過程)에서 이를 보호할 제도적(制度的)・법적(法的) 장치(裝置)가 반드시 마련되어야 한다.

셋째, 통일(統一)을 위한 체계적(體系的)인 준비(準備)를 통해 통일역량(統一力量)을 키워야 한다.

독일(獨逸)의 통일 사례에서 알 수 있듯이 통일(統一)의 기회(機會)는 우리가 예기(豫期)치 않은 순간(瞬間)에 찾아올 수 있다. 남북 간의 통일과정(統一過程)을 원활하게 수행해 나가기 위해서는 이에 대한 체계적(體系的)인 준비(準備)를 통해 통일(統一)을 위한 우리 내부(內部)의 확고(確固)한 통일역량(統一力量)을 키워 나가야 한다.

넷째, 한반도(韓半島) 통일(統一)에 우호적(友好的)인 환경(環境)을 조성(造成)하기 위해 주변국(周邊國)과의 협력(協力)을 강화해 나가야 한다.

한반도(韓半島)의 통일(統一)은 우리 민족 내부의 문제일 뿐 아니라 주변(周邊) 국가(國家)들을 중심으로 국제적(國際的)인 이해관계(利害關係)가 걸린 매우 민감(敏感)한 문제이다. 독일(獨逸)의 경우 통일독일이 주변 국가들에게 안보위협(安保威脅)이 되기보다는 유럽 전체의 평화(平和)와 번영(繁榮)을 촉진(促進)시킬 것임을 설득(說得)하는 데 성공함으로써 통일을 성취할 수 있었다.

따라서, 우리도 미・일・중・러 등 주변(周邊) 국가(國家)들과의 긴밀(緊密)한 협력(協力)을 통해 한반도(韓半島)의 통일(統一)이 동북아 지역에서 평화(平和)와 번영(繁榮)을 위해 크게 기여(寄與)할 것이라는 확신을 갖도록 노력해야 한다.

다섯째, 통일(統一)을 위해서는 국민들의 올바른 통일관(統一觀)이 수반(隨伴)되어야 한다.

자유민주주의(自由民主主義)에 대한 신념(信念)과 민족 공동체(民族共同體) 의식(意識), 그리고 확고(確固)한 안보관(安保觀)을 형성하는 것이 올바른 통일관(統一觀)의 핵심이다. 서독이 국민들을 대상으로 지속적인 정치교육을 통해 평화적(平和的)이고 완전(完全)한 통일(統一)을 달성했듯이 우리나라도 올바른 통일교육(統一敎育)으로 자유민주주의(自由民主主義) 체제(體制)로의 평화통일(平和統一)을 위한 정신적(精神的) 기반(基盤)을 강화(强化)해 나가야 한다.

CHAPTER

10

대한민국(大韓民國) 국군(國軍)

CONENTS

제1절 국군(國軍)의 정신적(精神的) 뿌리

대한민국(大韓民國) 헌법(憲法) 서문(序文)에는 "3 · 1 운동으로 건립(建立)된 대한민국(大韓民國) 임시정부(臨時政府)의 법통(法統)과 불의(不義)에 항거(抗拒)한 4.19 민주(民主) 이념(理念)을 계승했다."라고 명시되어 있다. 대한민국(大韓民國)이 임시정부(臨時政府)의 법통(法統)을 계승(繼承)한 것과 같이 우리 국군(國軍) 역시 대한민국(大韓民國) 임시정부(臨時政府)의 군대(軍隊)였던 '한국광복군(韓國光復軍)'을 그 기원(紀元)으로 하고 있다.

대한민국(大韓民國) 임시정부(臨時政府)는 1940년 9월 15일에 광복군(光復軍) 창설위원회위원장 김구(金九)의 명의(名義)로 광복군(光復軍)을 창설한다는 내용의 「한국광복군선언문(韓國光復軍宣言文)」을 발표하였고 그 이튿날인 9월 17일에 한국광복군총사령부(韓國光復軍總司令部) 창설 행사를 열었다. 이 행사에서 발표된 「광복군성립보고서(光復軍成立報告書)」에는 "한국광복군은 일찍이 1907년 8월 1일 군대 해산 시에 곧이어 성립한 것이다. 바꾸어 말하면 적인(敵人, 일본)이 우리 국군(國軍)을 해산하던 날이 곧 우리 광복군(光復軍) 창설(創設)의 때인 것이다."라고 하였다.

이는 대한민국(大韓民國) 임시정부(臨時政府)가 1940년 9월 17일 한국광복군(韓國光復軍)을 정식으로 창설하였지만 창설일의 연원(淵源)은 일제(日帝)가 대한제국(大韓帝國)의 군대(軍隊)를 해산(解散)했던 1907년 8월 1일로 설정한 것이다. 따라서 광복군(光復軍)은 대한제국(大韓帝國)의 국군(國軍)을 계승(繼承)하고 일제(日帝)의 군대 해산에 항거하던 의병정신(義兵精神)을 시작으로 일제강점기(日帝强占期)의 독립군(獨立軍)과 광복군(光復軍)으로 이어진 항일(抗日) 독립정신(獨立精神)을 국군의 정신적 뿌리로 명확(明

確)히 자각(自覺)하고 있었던 것이다.

1. 항일의병(抗日義兵)

구(舊) 한말(韓末) 당시 의병(義兵) 투쟁(鬪爭)의 현장을 직접 취재한 영국의 종군기자 맥캔지(Frederick Arthur McKenzie, 1869~1931)의 「자유를 위한 한국의 투쟁(Korea's Fight for Freedom)」이라는 글을 보면 우리의 의병(義兵)이 열악(劣惡)한 상황 속에서도 얼마나 용감(勇敢)하게 싸웠는지 잘 알 수 있다. 이처럼 우리의 의병(義兵) 투쟁(鬪爭)은 민족의 자주성(自主性) 회복(回復)은 물론이고 자유(自由) 수호(守護) 의지를 잘 보여 주는 것으로 이러한 민족적(民族的) 투쟁정신(鬪爭精神)과 항일저력(抗日底力)은 이후 독립군(獨立軍)의 항일(抗日) 독립운동(獨立運動)으로 이어지는 토대(土臺)가 되었다.

2. 독립군(獨立軍)

일본(日本)이 무력으로 한일강제합병(韓日强制合併)을 이룬 후 대규모의 병력을 투입하여 의병(義兵)에 대한 대대적(大大的)인 토벌작전(討伐作戰)을 전개하자 일부는 산간(山間) 지방에서 항일(抗日) 유격전(遊擊戰)을 지속적으로 전개하였고, 일부는 만주(滿洲)와 연해주(沿海州)로 건너가 독립(獨立) 투쟁(鬪爭)을 전개하였다. 해외로 이동한 의병(義兵)은 군사적 역량을 키워 각국과 연합하여 대일전(對日戰)을 수행한다는 독립전쟁론(獨立戰爭論)을 바탕으로 1910년대를 거쳐 점차 독립군(獨立軍)으로 조직화(組織化)되고 체계화(體系化)되기 시작했다.

특히 1919년 3·1 운동을 계기(契機)로 민족의 자주독립(自主獨立) 의식이 고조(高潮)되고 일제(日帝)에 의한 국권(國權) 강탈(强奪) 이후 만주로 이주해 온 민족 운동가들을 중심으로 독립군(獨立軍)의 활동은 매우 활발히 전개되었다. 비록 일본 정규군(正規軍)에 비해 무기와 장비 면에서 열세(劣勢)하였음에도 불구하고 투철(透徹)한 애국정신(愛國精神)과 동료애(同僚愛), 그리고 지휘관의 지도력과 지략(智略)으로 봉오동(鳳梧洞) 전투(戰鬪)와 청산리(青山里) 대첩(大捷) 등에서 일본군을 대파(大破)하는 전과(戰果)를 올렸다. 이후 독립군(獨立軍)은 항일투쟁(抗日鬪爭)을 지속하다가 대한민국(大韓民國) 임시정부(臨時政府)의 한국광복군(韓國光復軍)으로 재편(再編)되어 새로운 차원의 독립투쟁(獨立鬪爭)을 전개해 나갔다.

3. 광복군(光復軍)

한국광복군(韓國光復軍)은 중국(中國) 국민당(國民黨) 정부의 대일항전(對日抗戰)이라는 공동 목표를 바탕으로 적극적인 협력관계를 맺으면서 보다 전문적인 군사 활동을 실시했다. 1941년에 태평양(太平洋) 전쟁(戰爭)이 발발(勃發)하자 대한민국(大韓民國) 임시정부(臨時政府)는 대일(對日) 선전(宣戰) 포고(布告)를 하고 한국광복군(韓國光復軍)은 연합군과 합동으로 항일전(抗日戰)을 수행했다. 1942년에는 중국군(中國軍)과 협정(協定)을 맺고 이어 영국군(英國軍)과 군사협정(軍事協定)을 맺음으로써 외국군과의 긴밀한 작전을 펼치게 되었다. 그리고 1945년 8월에 미국(美國)과 군사협정(軍事協定)을 체결하고 국내 진공작전(進攻作戰)을 하던 중 광복(光復)을 맞이하게 되었다.

이처럼 국권(國權) 회복(回復)을 위한 항일투쟁(抗日鬪爭)으로서 의병(義

兵)과 독립군(獨立軍)의 정신(精神)을 계승(繼承)한 한국광복군(韓國光復軍)의 투쟁은 오늘날 우리 대한민국(大韓民國) 정부(政府)의 전신(前身)인 대한민국(大韓民國) 임시정부(臨時政府)가 추진한 독립운동(獨立運動)이었다는 점에서 그 의의가 크다.

이를 통해 광복군(光復軍)은 구(舊) 한말(韓末) 의병(義兵) 투쟁(鬪爭)과 독립군(獨立軍)의 항일(抗日) 독립전쟁(獨立戰爭)을 거쳐 임시정부의 정규군(正規軍)이자 항일(抗日) 투쟁사(鬪爭史)의 주역(主役)으로 거듭나게 되었다. 이후 광복을 맞이하여 조선경비대(朝鮮警備隊) 창설로부터 대한민국(大韓民國) 정부수립(政府樹立) 당시 국군(國軍)으로 개편(改編)되는 과정에서 광복군(光復軍)을 모체(母體)로 국군(國軍)을 성장 발전시키려는 노력이 이어졌으며 의병(義兵)과 독립군(獨立軍), 광복군(光復軍)의 정신은 면면히 이어져 대한민국(大韓民國) 국군(國軍)의 정신적(精神的) 뿌리가 되었다.

제2절 국군(國軍)의 창설(創設)과 도전(挑戰)

1. 국방경비대(國防警備隊) 창설(創設)

1945년 8월 15일, 제2차 세계대전에서 패전(敗戰)한 일본이 '무조건(無條件) 항복(降伏)'을 선언(宣言)하게 된 상황에서 연합군(聯合軍) 측의 한반도(韓半島)에 대한 역할(役割) 분담(分擔) 문제가 미묘(微妙)하게 전개되기 시작했다. 즉 소련군(蘇聯軍)은 미군(美軍)보다 한 달가량 앞서 북한 지역에 진출하여 평양(平壤)에 소련군사령부(蘇聯軍司令部)를 설치하고 북한 전역에 걸친 군정체제(軍政體制)를 수립해 나가고 있었다.

미국과 소련의 군정(軍政)이 남북한에서 실시되면서 미군정당국(美軍政當局)은 소련과의 협력체제 구축을 시도하였다. 그러나 미소공동위원회(美蘇共同委員會)에서 상호 간의 합의를 이루지 못하고 결렬되었다. 미군은 남한 내 많은 좌익세력(左翼勢力)이 준동(蠢動)하고 불순(不純) 군사단체(軍事團體)와 조직들의 활동이 심화되자 강력(强力)한 대처방안(對處方案)을 모색(摸索)하기 시작했다. 미군정당국(美軍政當局)은 경찰력(警察力)만으로 남한의 치안(治安) 유지(維持)가 부족하다고 판단하여 군사조직(軍事組織)의 창설(創設)을 서두르게 되었다. 미군정당국의 최고 책임자인 하지 중장(LT GEN John Reed Hodge, 1893~1963)은 남한 지역에 사설(私設) 군사단체(軍事團體)의 활동을 억제하고 대한민국(大韓民國) 정부수립(政府樹立) 후 장래(將來)의 이익을 위해 군대창설(軍隊創設)을 추진했다.

그리하여 1945년 11월 13일에 군정법령(軍政法令) 제28호를 공포(公布)하여 미 군정청(軍政廳) 내에 '국방사령부(國防司令部)'를 설치하였고, 1946년

1월15일에는 국방사령부 내에 '조선경찰예비대(朝鮮警察豫備隊)' 제1연대를 창설하는 등 그 해 11월까지 총 9개 연대를 창설하였다. 당시 미군정당국(美軍政當局)에서는 경찰 예비대 개념에 따라 '조선경찰예비대(朝鮮警察豫備隊)'라고 불렀으나 우리나라는 장차 국군(國軍)의 모체(母體)가 될 것을 감안하여 '남조선국방경비대(南朝鮮國防警備隊)'라고 불렀다.

해군은 1945년 11월 11일에 손원일 · 김영철 · 한갑수 등이 중심이 되어 결성한 '해방병단(海防兵團)'이 11월 14일 진해(鎭海) 기지(基地)에서 창설식을 가졌으며, 1946년 1월 15일에는 총사령부(總司令部)를 설치하고 손원일(孫元一, 1909~1980) 참령(參領)이 초대(初代) 사령관(司令官)에 취임(就任)했다.

2. 국군(國軍)의 창설(創設)

대한민국(大韓民國) 국군(國軍)은 1948년 8월 15일 대한민국(大韓民國) 정부수립(政府樹立)과 함께 건군(建軍)되었다. 미군정(美軍政)의 종식(終熄)과 함께 통위부(統衛部)의 행정은 국방부(國防部)로 이양(移讓)되었고, 8월 16일 초대 국방장관(國防長官) 겸(兼) 국무총리(國務總理)에 임명된 이범석(李範奭, 1900~1972) 장군은 국방부 훈령(訓令) 제1호를 공포하였다. 그리하여 1948년 9월 1일에 조선경비대(朝鮮警備隊)와 조선해안경비대(朝鮮海岸警備隊)가 국군(國軍)에 편입(編入)되었고 9월 5일에는 각각 육군(陸軍)과 해군(海軍)으로 개칭(改稱)되었다.

이 같은 잠정적(暫定的)인 명칭은 그 해 11월 30일에 국군조직법(법률 제9호)과 12월 7일에 국방부직제(國防部職制, 대통령령 제37호)가 각각 제정(制定) 공포(公布)됨으로써 1948년 12월 15일부터 통위부(統衛部)가 국방부(國

防部)로, 조선경비대(朝鮮警備隊)와 조선해안경비대(朝鮮海岸警備隊)가 각각 대한민국 육군(陸軍)과 해군(海軍)으로 정식 법제화되었다.

대한민국(大韓民國) 국군(國軍)의 조직은 국군 조직법(組織法)에 따라 국방부(國防部)에 참모총장(參謀總長)을 두고 그 밑에 육군본부(陸軍本部)와 해군본부(海軍本部)를 설치하였으며, 국방부 직할(直轄)로 항공부대(航空部隊)가 창설되었고, 9월 13일에 다시 육군항공사령부(陸軍航空司令部)로 개칭되었다. 1949년 6월 27일에는 육군본부에 항공국(航空局)이 설치되어 향후(向後) 공군(空軍) 창설(創設)에 대비한 작업을 본격적으로 추진했다.

이처럼 대한민국(大韓民國) 국군(國軍)은 일제(日帝)로부터의 광복(光復)과 조국(祖國) 분단(分斷)의 어려운 상황 속에서도 명실(名實) 공(公)히 육·해·공군의 3군 병립체제(竝立體制)를 구축하면서 힘찬 발걸음을 내딛었다. 이후 국군은 각급 부대의 증·창설과 군(軍) 간부(幹部) 양성(養成) 교육을 통하여 군의 기틀을 내실 있게 다져 나갔으며, 1950년 6.25 전쟁이 발발(勃發)할 때까지 약 10만 명의 병력 규모로 성장하였다.

3. 6.25 전쟁과 조국수호(祖國守護)

광복(光復) 당시부터 북한 지역을 점령(占領)한 소련(蘇聯)은 한반도(韓半島)를 공산화(共産化)하려는 준비를 본격적으로 해나가고 있었다. 그러나 남한 지역에 주둔(駐屯)한 미국은 달랐다. 미국은 1949년 6월 29일에 군사고문단(軍事顧問團) 472명을 제외한 주한미군(駐韓美軍)의 전 병력(全兵力)을 철수(撤收)시킴으로써 한반도(韓半島)에서의 남북한 군사적(軍事的) 불균형(不均衡)이 심각하게 나타나게 되었다. 주한미군(駐韓美軍) 철수(撤收)를 계기로 한반도에서는 소련이 북한을 앞세운 무력(武力) 남침계획(南侵計劃)을 구체화하는 데 더없이 유리한 분위기가 조성되었다.

북한 김일성(金日成) 정권(政權)은 이러한 상황을 최대한 이용하여 북한 지역을 공고(鞏固)한 혁명기지(革命基地)로 구축하는 한편 남한의 혁명여건(革命與件) 조성을 위한 대남적화전략(對南赤化戰略)을 집요(輯要)하게 전개하였다.

6.25 전쟁 발발(勃發) 직전까지 북한이 자행(恣行)한 도발(挑發) 횟수는 무려 847회에 달하였다. 그중 대표적인 것이 개성(開城)에 있는 송악산(松嶽山) 전투(戰鬪)였고 이 전투에서 '육탄(肉彈) 10용사(勇士)'가 탄생하였다.

1950년 6월 25일 새벽 4시부터 약 30분간에 걸친 북한군(北韓軍)의 공격준비사격(攻擊準備射擊)을 시작으로 북한군(北韓軍)은 38도선 전(全) 지역에서 일제히 남침(南侵)을 개시하였으며, 1953년 7월 27일 정전협정(停戰協定)이 체결되기까지 3년 1개월 동안 치열(治熱)한 공방전(攻防戰)이 계속되었다.

6.25 전쟁을 겪으면서 대한민국(大韓民國) 국군(國軍)은 양적(量的)으로나 질적(質的)으로 크게 성장(成長)하였다. 육군(陸軍)은 3개 군단 18개 사단에 총병력 55만 명의 전력을 갖추게 되었으며, 해군(海軍)은 6개 전대(戰隊)로 출발하여 함대(艦隊)로 성장하였다. 공군(空軍)도 1개 전투비행단과 1개의 훈련비행단, 전투기(戰鬪機) 80대를 보유하게 됨으로써 어엿한 국군(國軍)의 면모(面貌)를 갖추게 되었다.

제3절 국군(國軍)의 성장(成長)

1. 전후(戰後) 체제정비(體制整備)

1953년 7월 27일에 정전협정(停戰協定)이 체결됨으로써 한반도(韓半島)에 포성(砲聲)이 멈추고 평화(平和)가 찾아오는 듯 보였다. 그러나 북한은 지속적인 병력증강(兵力增强)과 신무기(新武器) 도입, 비행장 건설을 추진하는 동시에 제반(諸般) 군수공장(軍需工場)을 확장하는 등 전력증강(戰力增强)에 주력하였다.

이에 따라 대한민국(大韓民國) 정부(政府)는 1953년 10월 1일에 미국과 '한미상호방위조약(韓美相互防衛條約)'을 체결하여 북한의 새로운 도발(挑發)에 대한 억지력(抑止力)을 확보(確保)하였다. 1954년 11월 17일에는 조약(條約)의 비준(批准)과 더불어 한국에 대한 미국의 경제 및 군사원조(軍事援助)의 확대를 주된 내용으로 하는 '한미합의의사록(韓美合意議事錄)'을 교환(交換)함으로써 군비확충(軍備擴充)의 발판도 마련했다.

이후 국방부는 미국의 군사원조(軍事援助)에 힘입어 각 군의 부대구조를 재정립(再定立)해 나갔다. 이와 함께 전후(戰後) 복구(復舊) 지원(支援)을 통해 국가시책(國家施策)에 앞장서고, 장병들의 '문맹퇴치교육(文盲退治敎育)'에 전력(全力)을 경주(傾注)하는 등 체제(體制)를 정비(整備)함으로써 북한군의 위협(威脅)에 대비하였다.

2. 국방체제(國防體制)의 정립(定立)과 베트남 파병(派兵)

1960년대는 국제적(國際的)으로 베트남 전쟁(Vietnam War)과 제3차 중동 전쟁(中東戰爭) 등 분쟁(紛爭)이 지속되었고, 한반도(韓半島)에서는 1968년 1월 21일에 발생한 북한군 김신조(金新朝) 일당(一黨)을 중심으로 하는 특수부대(特殊部隊)의 청와대(靑瓦臺) 습격사건(襲擊事件) 및 울진(蔚珍), 삼척지구(三陟地區) 무장공비(武裝共匪) 침투(浸透) 사건과 같은 북한의 대남(對南) 도발(挑發)이 극(極)에 달했던 시기였다.

또한, 1969년에 미국은 아시아 방위에 대한 미국의 개입능력(介入能力)의 한계를 드러내고 '아시아의 방위(防衛)는 아시아의 손으로'라고 하는 이른바 '닉슨 독트린(Nixon Doctrine)'을 선언(宣言)하였다.

이러한 상황에서 우리 군은 국방부에서 각 군에 이르기까지 대대적(大大的)으로 조직(組織) 정비(整備) 및 법령(法令)의 제정(制定)을 추진하기 시작했다. 1961년 6월 1일에는 학생 군사훈련단(學生軍事訓練團, ROTC)을 창설(創設)하였으며, 1.21 청와대(靑瓦臺) 습격사건(襲擊事件) 이후인 1968년 4월 1일에는 향토예비군(鄕土豫備軍)을 창설(創設)하는 등 내부적(內部的)인 역량(力量) 강화(强化)에 총력을 기울였다.

한편, 1960년대는 한국군뿐만 아니라 국제적(國際的)으로 최대의 현안(懸案)은 베트남 전쟁(Vietnam War) 파병(派兵) 문제였다. 미국의 베트남 전쟁(Vietnam War) 개입이 확대(擴大)됨에 따라 국방부도 파병(派兵) 문제(問題)를 한미동맹(韓美同盟) 차원에서 신중(愼重)하게 검토하지 않을 수 없었다. 이는 아시아의 평화(平和)와 자유(自由)를 수호(守護)하고 6.25 전쟁 당시 자유(自由) 우방국(友邦國)들이 우리를 도와준 데 대해 보답(報答)한다는 뜻이다.

그 결과 우리 국군은 1964년 9월부터 1973년 3월까지 총 34만여 명의 병력을 베트남 전쟁(Vietnam War)에 파병(派兵)하였으며, 주월 한국군사령부(駐越韓國軍司令部)는 예하에 야전사령부(野戰司令部)와 군수지원 사령부(軍需支援司令部)를 거느린 군단편제(軍團編制) 규모로 구성되었다. 베트남 전쟁(Vietnam War) 파병(派兵)으로 우리 국군은 작전활동(作戰活動)과 대민지원(對民支援)을 병행하며 자유(自由)를 수호(守護)하고 국위(國威)를 선양(宣揚)하였다. 또한 전투(戰鬪) 경험(經驗) 축적(蓄積)과 공고(鞏固)한 한미동맹(韓美同盟)과 안보협력 체제를 구축(構築)함으로써 우리 국방력(國防力) 강화(强化)의 기틀을 마련하였다.

3. 자주국방(自主國防)의 기반조성(基盤造成)

1970년대와 1980년대는 자주국방(自主國防)을 지향(指向)한다는 차원(次元)에서 전력증강사업(戰力增强事業)인 율곡사업(栗谷事業)에 착수하였다. 방위산업(防衛産業)에 박차(拍車)를 가해 대한민국(大韓民國) 국군(國軍)의 장비(裝備)가 국산화(國産化)되기 시작하였고, 국방(國防) 기획관리제도(企劃管理制度)를 도입하여 방위사업관리(防衛事業管理)를 위한 시스템도 구축하였다.

1990년대 이후 국방부는 '국방태세 발전방향연구(818계획)'를 통해 현대전(現代戰)이 요구하는 즉응성(卽應性)을 보장할 수 있도록 군(軍) 구조(構造)의 개선(改善)을 이루었다. 따라서 국방부(國防部)를 비롯한 합동참모본부(合同參謀本部) 및 각 군 본부의 조직을 개편하여 급변(急變)하는 안보(安保) 환경(環境)에 대처(大處)하고 미래지향적(未來指向的)인 국방정책(國防政策)을 개발하는 데 박차(拍車)를 가하게 되었다.

2000년대에 들어서서는 대한민국(大韓民國) 국군(國軍)이 국내(國內) 안보(安保)에 머무르지 않고 본격적으로 세계평화유지활동(世界平和維持活動, PKO)에 참여함으로써 과거에 원조(援助)받던 나라에서 이제는 원조(援助)를 해 주는 나라로 성장하게 되었다. 이라크 전쟁(Operation Iraqi Freedom)이후 전후(戰後) 복구(復舊)와 평화유지(平和維持)를 위한 자이툰 부대(사단급)의 파병, 아프가니스탄 평화유지를 위한 오쉬노 부대(대대급) 파병, 레바논 지역의 평화유지(平和維持)를 위한 동명부대(대대급) 파병, 아프리카 남수단 지역의 재건(再建)과 평화유지(平和維持)를 위한 한빛부대(대대급) 파병 등을 통해 세계평화유지군(世界平和維持軍, PKF)으로서의 역할(役割)을 수행하였다.

아울러 중남미(中南美) 지역에 있는 섬나라인 아이티 지진피해복구(地震被害復舊) 지원(支援)을 위한 단비부대(대대급) 파병, 필리핀 태풍피해(颱風被害) 복구(復舊)를 지원(支援)하기 위해 아우라 부대 파병(대대급) 등 세계 곳곳에서 일어나는 대규모 자연재해(自然災害)로 인한 피해복구(被害復舊) 지원을 위한 인도적(人道的) 파병(派兵)을 통해 대한민국(大韓民國)과 대한민국 국군(國軍)의 위상(位相)을 세계만방(世界萬邦)에 알리고 있다.

제4절 군인(軍人)의 가치관(價値觀)

1. 가치관(價値觀)의 개념(槪念)

사전적(辭典的) 의미의 가치관(價値觀)이란 어떤 특정한 존재(存在) 목적이나 행동방식(行動方式)이 다른 것보다 상대적으로 더 높다거나, 더 옳다거나, 더 좋다거나, 바람직하다는 개인(個人)의 신념(信念)을 의미한다.

이러한 가치관(價値觀)은 단순히 자신이 지켜야 할 기본적인 선(善)과 도리(道理)라는 소극적(消極的)인 의미도 있지만 자신과 조직을 동질화(同質化)시키고 조직 내에서 자신의 존재(存在) 가치(價値)를 제고(提高)하는 적극적(積極的) 의미로도 볼 수 있다.

이런 측면에서 보면 군인(軍人)의 가치관(價値觀)은 "군(軍)이 어떤 가치를 수행하고 있으며 이를 위하여 군인은 어떠한 사고(思考)와 행동(行動)을 해야 하는가 하는 공통적(共通的), 집단적(集團的) 믿음체계"라고 할 수 있다.

우리 국군(國軍)은 조국(祖國)을 수호(守護)하고 국민의 생명(生命)과 재산(財産)을 지키는 숭고(崇高)한 사명(司命)을 국가와 국민으로부터 부여받았다. 이 사명(使命)을 완수하기 위해 우리는 직업군인(職業軍人)으로서 어떠한 가치관(價値觀)을 가지고 군복무(軍服務)에 임해야 할지 생각해 볼 필요가 있다.

2. 직업군인(職業軍人)의 가치관(價値觀)

대한민국(大韓民國)의 직업군인(職業軍人)으로서 지녀야 할 가치관(價値觀)으로는 명예(名譽), 충성(忠誠), 용기(勇氣), 필승(必勝)의 신념(信念), 임전무퇴(臨戰無退)의 기상(氣像), 그리고 애국애족(愛國愛族)의 정신(精神)을 들 수 있다.

가. 명예(名譽, Honor)

'명예(名譽)란 세상에 널리 인정(認定)받아 얻은 좋은 평판(評判)이나 이름'을 의미하며 공적(功績)에 대한 존경(尊敬)의 뜻을 나타낸다. 다시 말해 명예(名譽)는 외형적(外形的)으로는 자신의 지위(地位)나 하는 일의 업적(業績)에 대해 사회로부터 받는 좋은 평판(評判)과 존경(尊敬)이며, 내면적(內面的)으로는 자신이 수행한 일이나 성과(成果)에 대해 스스로 만족(滿足)하고 그 자체에서 보람을 느끼는 심리적(心理的)인 태도(態度)라고 할 수 있다.

철학자(哲學者)인 아리스토텔레스(Aristoteles, B.C. 384~322)는 명예(名譽)를 '덕(德, Virtue)'에 대한 보상(補償)으로서 외적으로 주어지는 가치 가운데 최고의 것이라고 정의하였다. 그리고 명예(名譽)와 관련된 덕(德) 가운데 최고(最高)의 덕(德)을 긍지(矜持, Pride)라고 하였다. 긍지(矜持)란 직무(職務)에 대한 사명감(使命感)과 만족감(滿足感)에서 스스로 떳떳함을 확신하는 마음이다. 자기가 하는 일이 국가(國家)와 민족(民族)을 위해 보람된 것이라고 믿을 때 긍지(矜持)를 가질 수 있다.

심리학자(心理學者)인 매슬로(A. H. Maslow, 1908~1970)는 인간의 욕구는 생리적(生理的) 욕구(慾求), 안전(安全)의 욕구(慾求), 사회적(社會的) 욕구

(慾求), 존경(尊敬)의 욕구(慾求), 자아실현(自我實現)의 욕구(慾求)로 발전한다는 '욕구(慾求) 5 단계설(段階說)'을 주장한 바 있다. 매슬로는 이 이론에서 인간은 생리적 욕구로부터 존경 욕구까지는 반드시 단계별로 발전해 나가지만, 마지막 자아실현(自我實現)의 욕구만큼은 전 단계의 욕구가 성취되지 않아도 달성 가능하다고 하였다. 즉 자아실현(自我實現)의 욕구(慾求)는 인간이 추구하는 최고(最高)의 단계(段階)이며 이는 바로 명예(名譽)와 동일한 의미로 볼 수 있는 것이다.

따라서 군인(軍人)은 상황(狀況)에 따라서 생리적 욕구, 안전의 욕구, 존경의 욕구가 충족되지 않는 상태일지라도 오직 국가(國家)와 국민(國民)을 위한다는 자긍심(自矜心)으로 무장(武裝)되어 있어야 한다.

그리고 전장(戰場)에서 국가와 국민을 위해 전우(戰友)와 함께 적(敵)과 맞서 싸우다 죽는 것이 군인으로서의 최고(最高)의 명예(名譽)라는 생각을 견지(堅持)하는 것이 중요하다고 할 수 있다.

이러한 명예심(名譽心)은 전투(戰鬪)에서 반드시 승리(勝利)하겠다는 강한 의지를 갖게 해 주고 패배(敗北)하여 비굴(卑屈)하게 살아남기보다는 차라리 용감(勇敢)하게 싸우다 죽겠다는 각오(覺悟)를 다지게 해 준다. 그리하여 비록 불리(不利)한 상황(狀況)하에서도 적극적(積極的)으로 전투(戰鬪)에 임(臨)할 수 있는 강한 정신력(精神力)의 원천(源泉)이 되기도 한다.

아울러 명예(名譽)의 핵심은 자기 이름을 더럽히지 않는 것이다. 따라서 직업군인(職業軍人)은 부모님으로부터 물려받은 자기자신(自己自身)의 이름, 대한민국(大韓民國)을 지키는 국군(國軍)이라는 이름을 항상 생각하면서 임무완수(任務完遂)에 전념(專念)하여 명예(名譽)를 스스로 지킬 수 있도록 진력(盡力)해야 한다.

나. 충성(忠誠, Royalty)

'충성(忠誠)'에서 충(忠)은 '가운데 중(中) + 마음 심(心)'으로 고대 중국의 성인(聖人) 주자(朱子)는 충(忠)을 일컬어 '자신(自身)의 정성(精誠)을 다하는 것'이라고 하였다. 성(誠)은 '말씀 언(言) + 이룰 성(成)'으로 말을 함에 있어서 어떠한 거짓이나 속임도 없다는 뜻에서 '진실(眞實)' 혹은 '진실(眞實)된 마음'을 의미한다.

따라서 충성(忠誠)이란 '진실(眞實)된 마음으로 자신(自身)의 정성(精誠)을 다하는 것'을 의미한다. 우리는 충성(忠誠)의 대상으로 흔히 국가(國家)나 민족(民族)만을 이야기하는 경우가 많은데 진정(眞正)한 충성(忠誠)은 자신(自身)에 대한 충성(忠誠), 상관(上官)에 대한 충성(忠誠), 국가(國家)에 대한 충성(忠誠)으로 이어진다.

우선 자신(自身)에 대한 충성(忠誠)은 자기 스스로에게 보다 진실(眞實)하고 엄격(嚴格)하며 자신의 언행을 일치시키기 위해 성심(誠心)을 다하는 것을 말한다. 자신(自身)에 대한 충성(忠誠)이 중요한 이유는 개인이 어떠한 일에 성심(誠心) 성의(誠意)껏 정성을 다했는지는 자신만이 알 수 있기 때문이다. 자신(自身)에게 충성(忠誠)을 다하는 사람은 자신(自身)의 안위(安慰)를 위해 스스로를 정당방위(正當防衛) 하거나 변명(辨明)을 늘어놓지 않는다.

자신(自身)에 대한 충성(忠誠)은 우리가 지향하는 진정(眞正)한 충성(忠誠)을 위한 출발점이다. 자신에게 충성스러운 사람은 자연스럽게 타인(他人)이나, 자기직무(自己職務), 나아가 국가(國家)에의 충성(忠誠)으로 이어지기 때문이다.

상관(上官)에 대한 충성(忠誠)은 명령(命令)에 대한 복종(服從)은 물론이고, 자기에게 부여(賦與)된 임무(任務)를 성공적으로 수행하면서 진심(眞心)으로 상관(上官)을 받들며 자신의 언행으로 상관(上官)의 권위(權威)와 위신

(威信)이 실추(失墜)되지 않도록 함을 의미한다.

외형적(外形的)으로만 보면 상관(上官)에 대한 충성(忠誠)이 상급자(上級者)에 대한 하급자(下級者)의 충성(忠誠)이라는 일방적(一方的)인 형태의 것으로만 이해할 수 있으나 진정(眞正)한 의미에서의 상관(上官)에 대한 충성(忠誠)은 일방적인 것이 아니다. 그 이면(裏面)에는 부하(部下)에 대한 상관(上官)의 사랑, 그리고 상관(上官)에 대한 부하(部下)의 믿음이 함께 존재한다. 따라서 지휘관(指揮官)이 부하(部下)에게 진정(眞正)한 충성(忠誠)을 원한다면 먼저 상관(上官)에 대한 충성심(忠誠心)이 부하(部下)의 마음으로부터 자발적(自發的)으로 발현(發現)되도록 솔선수범(率先垂範)해야 한다.

국가(國家)에 대한 충성(忠誠)은 자신의 모든 것, 심지어 목숨까지도 바쳐 국가(國家)와 국민(國民)을 위해 헌신(獻身)해야 하는 희생(犧牲)의 정신(精神)을 의미한다. 국가(國家)와 국민(國民)은 군인(軍人)에게 있어 최상위(最上位)의 가치(價値)이며, 군인에게 있어 국가(國家)에 대한 충성심(忠誠心)이야말로 그 어떤 종류의 충성(忠誠)보다 가장 우선시(優先視)되어야 한다.

다. 용기(勇氣,Courage)

용기(勇氣)의 사전적(辭典的) 의미는 '씩씩하고 굳센 기운(氣運)', '사물을 겁내지 않는 기개(氣槪)' 라고 정의(定義)할 수 있다. 이는 중국의 성인(聖人) 공자(孔子, B.C. 551~479)가 말한 "분별력(分別力)이 있어 미혹(迷惑)당하지 않는 지혜로운 사람을 지자(智者)라고 하고, 근심 걱정이 없는 어진 사람을 인자(仁者)라 하며, 기개(氣槪)가 있어서 두려워하지 않는 사람을 용자(勇者)라 칭(稱)한다."라고 하는 데서 비롯된 것이다.

자칫 우리는 용기(勇氣) 있는 사람을 공포(恐怖)나 위험(危險)을 모르거나 잘 느끼지 못하는 사람 또는 무시(無視)하는 사람으로 생각할 수 있다. 그러나 이는 잘못된 생각이다. 진정(眞正)으로 용기(勇氣) 있는 사람은 자기 앞에 닥쳐온 위기(危機)와 위험(危險)의 상황을 인지(認知)한 상태에서도 공포(恐怖)나 두려움을 이겨내고 이를 극복(克服)하고자 하는 사람이기 때문이다. 따라서 용기(勇氣) 있는 사람은 불의(不義)와 타협(妥協)하고자 하는 욕망(欲望)을 누르고 정의(正義)를 구현(具現)하기 위해 행동(行動)으로 실천(實踐)하는 사람이라고 말할 수 있다.

그런 의미에서 용기(勇氣)는 여러 종류가 있을 수 있으나, 크게 육체적(肉體的) 용기(勇氣)와 도덕적(道德的) 용기(勇氣)로 구분해 볼 수 있다. 육체적(肉體的) 용기(勇氣)란 육체적으로 당하고 있는 고통(苦痛)이나 생명의 위협 등을 인내(忍耐)하고 극복(克服)하는 것이고, 도덕적(道德的) 용기(勇氣)란 육체적(肉體的)인 피해 이외의 온갖 유혹(誘惑)과 불의(不義) 속에서도 옳은 것을 선택(選擇)하여 행하는 것을 말한다.

이 밖에도 용기(勇氣)는 대의(大義)나 정의(正義)와 불가분(不可分)의 관계에 있다. 용기(勇氣)가 부족하면 비겁(卑怯)이 되고 분별(分別)없는 용기(勇氣)이거나 정의(正義)와 상관(相關)없는 용기(勇氣)는 만용(蠻勇)에 불과하다. 따라서 용기(勇氣)는 '대의(大義)를 위한 분별력(分別力) 있는 인내력(忍耐力)'이라고 정의(定義)할 수 있다.

라. 필승(必勝)의 신념(信念)

신념(信念)이란 '어떤 사상(思想)이나 생각을 굳게 믿으며 그것을 실현(實現)하려는 의지(意志)'로서 어떤 일을 함에 있어 그것을 성공적으로 이루어 낼 수 있다고 굳게 믿는 자신감(自信感)이다.

신념(信念)은 일종의 자신감(自信感)이기 때문에 신념(信念)이 굳건하다면 이를 행동으로 옮기는 실천력 또한 커지게 된다.

신념(信念)이 있는 사람은 어떤 행동을 함에 있어서 주저(躊躇)함이 없고 우유부단(優柔不斷)하지 않으며 결코 뒤로 물러서지 않는다. 남의 평판(評判)에 좌우(左右)되지 않고 눈치를 살피지도 않는다. 그리고 자신이 옳다고 믿고 있는 바를 소신(所信) 있게 해나간다. 여기서 말하는 '자신이 옳다고 믿는 것'은 반드시 정의(正義)에 기초(基礎)를 두어야 한다.

특히 승리(勝利)에 대한 신념(信念)은 전장(戰場)에서 기적(奇蹟)을 만든다. 미국의 사상가(思想家)인 에머슨(Ralph Waldo, Emerson, 1803~1882)은 "가능(可能)하다고 믿는 자는 정복(征服)할 수 있다."라고 말하였다.

임진왜란(壬辰倭亂) 당시 불과(不過) 13척의 함선(艦船)으로 133척의 왜군(倭軍)을 물리친 충무공(忠武公) 이순신(李舜臣) 장군(將軍)의 신념(信念)이 그러하고, 6.25 전쟁 당시 참모(參謀)들이 불가능하다고 건의(建議)했지만 인천상륙작전(仁川上陸作戰)을 성공시켰던 맥아더 장군의 필승(必勝)의 신념(信念)이 그러했다.

이처럼 '기필코 이겨야 한다는 굳은 결의(決意)와 반드시 이길 수 있다는 신념(信念)'을 우리는 필승(必勝)의 신념(信念)이라고 말한다. 이러한 필승(必勝)의 신념(信念)을 갖기 위해서는 실전(實戰)과 같은 훈련과 완벽(完璧)한 전투준비태세(戰鬪準備態勢)로 전쟁에 대비한 만반(萬般)의 준비(準備)가 갖추어졌을 때만 기대(期待)할 수 있다.

따라서 국가안보(國家安保)의 최후의 보루(堡壘)이자 최일선에 서 있는 우리 군은 '전장(戰場)에서 반드시 승리자(勝利者)가 된다'는 필승(必勝)의 신념(信念)으로 무장(武裝)하고 언제 발생할지 모르는 국내외적 안보(安保) 위협(威脅)에 대비(對備)해야 한다.

마. 임전무퇴(臨戰無退)의 기상(氣像)

임전무퇴(臨戰無退)는 글자 그대로 '전쟁터에 들어서면 죽기를 각오하고 싸워 결코 물러서지 않음'을 말한다. 임전무퇴(臨戰無退)의 계율(戒律)은 신라(新羅)의 원광법사(圓光法師)가 화랑(花郞)인 귀산(貴山)과 추항(箒項)에게 내린 세속오계(世俗五戒) 가운데 네 번째 것으로 '싸움마당에 다다르면 물러섬이 없어야 한다'는 가르침에서 유래(由來)하였다. 이 가르침은 그 후 화랑(花郞)들에 의해 전장(戰場)에서 실제 행동으로 옮겨졌고 이는 신라군(新羅軍)이 전투에서 승리하여 마침내 삼국통일(三國統一)의 대업(大業)을 이룩하는데 있어서 정신적(精神的) 지주(支柱)가 되었다.

여러 덕목(德目)들 가운데에도 임전무퇴(臨戰無退)의 기상(氣像)은 우리 민족의 기백(氣魄)과 함께한다. 전장(戰場)에서 물러서지 않고 끝까지 싸우는 이런 기상(氣像)이 있었기에 우리 민족은 나라가 백척간두(百尺竿頭)의 위기(危機)에 처할 때마다 항시 지켜 냈으며, 일제(日帝)가 강탈(强奪)했던 조국(祖國)을 되찾기도 하였다.

만약 우리에게 임전무퇴(臨戰無退)의 기상(氣像)이 없었다면 임진왜란(壬辰倭亂) 당시 13척의 배로 133척의 왜적(倭敵)을 물리칠 수 없었을 것이고, 6.25 전쟁 시에는 유엔군이 부산항에 도착하기도 전에 파죽지세(破竹之勢)로 밀고 들어오는 북한군(北韓軍)에게 속수무책(束手無策)으로 나라를 내줘야 했을 것이다. 그러나 우리는 임전무퇴(臨戰無退)의 기상(氣像)으로 끝까지 싸워 조선(朝鮮) 땅에서 왜적(倭敵)을 물리쳤고, 낙동강(洛東江) 방어선(防禦線)을 사수(死守)함으로써 반격(反擊)의 기회를 잡을 수 있었다.

이처럼 임전무퇴(臨戰無退)의 기상(氣像)은 최악(最惡)의 상황하에서도 절대 포기(拋棄)하지 않으며 희생(犧牲)을 각오(覺悟)하고서라도 맡은 바 책임을 다하며 불굴(不屈)의 투지(鬪志)로 승리(勝利)를 쟁취(爭取)하는 것이다. 임전무퇴(臨戰無退)의 기상(氣像)을 갖는다는 것은 전장(戰場)에서 적과 마주하여 결코 물러서지 않는다는 것을 말하며 이는 바로 조국(祖國)을 위해서라면 자신의 목숨까지도 기꺼이 바칠 수 있다는 것을 의미한다.

바. 애국애족(愛國愛族)의 정신(精神)

애국애족(愛國愛族)이라는 단어(單語)는 그 속에 '조국(祖國)에 대한 사랑'과 '민족(民族)에 대한 사랑'이라는 두 가지 의미를 모두 포함(包含)하고 있다.

조국(祖國)을 사랑한다는 것은 '조국의 운명(運命)과 함께 하겠다'는 깊은 애정(愛情)을 의미한다. 조국(祖國)의 발전(發展)과 번영(繁榮)을 위해 뜨겁게 심장(心臟)을 불태우고 고군분투(孤軍奮鬪)하는 열정(熱情)과 헌신(獻身)이 곧 조국애(祖國愛)인 것이다.

민족애(民族愛)는 조국애(祖國愛)와 같은 감정(感情)이지만 그 대상이 자기 민족(民族)에 대한 사랑이라는 점에서 다르다. 그러나 오늘날 대한민국(大韓民國) 군인(軍人)에게 있어서 애국애족(愛國愛族)의 정신(精神)은 '대한민국(大韓民國)이라고 하는 국가(國家)와 국민(國民)을 사랑하는 정신(精神)'이라고 할 수 있다.

군인(軍人)에게 있어서 애국애족(愛國愛族)의 정신(精神)은 모든 덕목(德目)들이 지향(指向)해야 할 최고의 덕목(德目)이라고 할 수 있다. 앞에서 군인(軍人)의 가치관(價値觀)으로 언급된 명예(名譽), 충성(忠誠), 용기(勇氣), 필승(必勝)의 신념(信念), 그리고 임전무퇴(臨戰無退)의 기상(氣像) 등의 덕목에는 모두 애국애족(愛國愛族)의 정신(精神)이 담겨 있기 때문이다.

명예(名譽)나 용기(勇氣), 그리고 필승(必勝)의 신념(信念) 등과 같은 가치관(價値觀)을 잘 갖추고 있다고 하더라도 만약 애국애족(愛國愛族)의 정신(精神)이 없다면 그 군인들은 단순한 용병(傭兵)에 지나지 않을 것이다. 용병(傭兵)은 오로지 급료(給料)를 받기 위해서 일하지만 우리 군은 어떠한 대가(代價)나 보상(補償)이 없다고 하더라도 숭고(崇高)한 애국애족(愛國愛族)의 정신이 있기 때문에 국방(國防)의 의무(義務)를 다할 수 있는 것이다.

이런 애국애족(愛國愛族)의 정신(精神)은 일제강점기(日帝强占期)에 대한의군(大韓義軍) 참모중장(參謀中將)이었던 안중근(安重根, 1879~1910) 장군(將軍)의 단지혈맹(斷指血盟)에서 그 좋은 예를 찾을 수 있다. 안중근(安重根) 장군(將軍)은 일제(日帝)에 빼앗긴 조국(祖國)을 다시 찾기 위해 자신의 손가락 마디를 잘라 결연(決然)한 의지를 맹세(盟誓)했다. 누구의 강요(强要)도 없었고, 누구에게 그 대가(代價)를 받는 것도 아니었지만 오직 애국애족(愛國愛族)의 정신(精神)으로 항일(抗日) 독립운동(獨立運動)을 전개해 간 것이었다.

오늘날 우리는 애국애족(愛國愛族)의 정신(精神)으로 국내외적 위협으로부터 대한민국(大韓民國)의 안보(安保)를 굳건하게 지킴으로써 세계 속의 중심국가(中心國家)로 우뚝 서고 국민(國民)들이 진정(眞正)으로 평화(平和)와 행복(幸福)을 마음껏 누릴 수 있도록 노력해야 할 것이다.

> "爲國獻身 軍人本分(위국헌신 군인본분)"
> "나라를 위해 목숨을 바치는 것이 군인의 본분이다."
> ~ 안중근(安重根) 장군 ~

부록

CONENTS

부록 1. 북한(北韓)의 대남(對南) 도발사례(挑發事例)

1. 개요(槪要)

북한(北韓)은 여건이 불리(不利)할 때는 평화공세(平和攻勢)로 나오면서 힘을 비축(備蓄)하고, 유리(有利)할 때는 기습적인 도발(挑發)을 자행(恣行)하는 '화전양면전술(和戰兩面戰術)'을 구사한다. 이것은 상황의 유·불리에 따라 혁명전술(革命戰術)을 수시(隨時)로 변화시킨다는 공산주의(共産主義) 고유의 전략전술에 따른 것이다.

실제로 광복 이후 북한의 '한반도적화통일(赤化統一)'이라는 전략 목표는 단 한번도 변한 적이 없다. 다만 상황에 따른 전술적인 변화만 있었을 뿐이다. 북한의 혁명전술은 정세의 유·불리에 따라 간조기(干潮期), 침체기(沈滯期), 앙양기(昂揚期), 만조기(滿潮期)의 4단계로 나뉘어 구사된다.

가. 간조기(干潮期)

간조기(干潮期)란, 대내외 여건(與件)이 가장 불리(不利)할 때를 말하며 이 때에는 퇴각(退却) 및 협상(協商) 전술을 쓴다. 대화 등을 제의하여 자신의 힘을 비축할 시간을 버는 것이다. 6.25 전쟁 당시 유엔군의 인천상륙작전으로 전세가 불리해지자 정전협정(停戰協定)을 들고나온 것이 대표적인 예이다.

나. 침체기(沈滯期)

침체기(沈滯期)는, 간조기보다 상황이 조금 나아진 단계로서 대열정비와 자체 역량(力量) 비축(備蓄)에 주력하는 시기이다. 6.25 전쟁 직후 전후(戰後) 복구기(復舊期)가 이에 해당된다.

다. 앙양기(昂揚期)

앙양기(昂揚期)는, 자신에게 유리(有利)한 상황(狀況)이 조성됐다고 판단되는 시기이다. 이때에는 기습적(奇襲的) 도발(挑發)이나 위협(威脅)을 통해 상대방을 시험하면서 전면(全面) 공격(攻擊)의 호기(好機)를 노린다. 북한의 대남(對南) 무력(武力) 도발(挑發) 대부분이 바로 앙양기로 판단되는 시기에 자행되었다.

라. 만조기(滿潮期)

만조기(滿潮期)란, 앙양기의 역량 비축을 통해 상황이 유리해졌다고 판단되면 전면적(全面的)인 공격(攻擊)을 감행(敢行)하는 시기이다. 6.25 남침(南侵)이 대표적인 예이며 이른바 '혁명(革命)의 결정적(決定的)인 시기(時機)'가 이에 해당된다.

2. 광복(光復) 이후~1950년대

북한 정권이 공식적으로 출범하기 전인 1948년 2월 8일, 북조선인민위원회는 조선인민군(朝鮮人民軍)을 창설했다. 1948년 12월에는 북한을 점령했던 소련이 군사고문단(軍事顧問團) 3,000여 명을 남겨 놓고 본국으로 철수했다. 이때 소련군은 북한을 점령했을 당시 보유했던 모든 무기(武器)와 장비(裝備)를 김일성 정권에게 넘겨주었다. 여기에는 제2차 세계대전 때 명성을 날렸던 소련제 T-34 전차(戰車)와 자주포(自主砲)는 물론이고, 폭격기(爆擊機)와 전투기(戰鬪機) 등 공군기 100여 대가 포함되어 있었다. 아울러 소련은 북한에서 철수한 이후 중국과의 공조를 통해 북한의 군사력을 지속적으로 증강시켜 나갔다. 소련은 북한을 남한의 공산화뿐만 아니라 주변 아시아 국가로 공산주의(共産主義)를 확산(擴散)시킬 국제혁명기지(國際革命基地)로 생각하고 있었던 것이다.

이 와중에 남한의 박헌영이 이끄는 남조선노동당(南朝鮮勞動黨, 남노당)은 당시 상황을 앙양기(昻揚期) 전술 단계로 판단했다. 이에 따라 김일성과 공모하여 전면(全面) 공격(攻擊)의 호기로 이끌어 내기 위해 미군(美軍) 철수(撤收)를 주장하고 각종 파업(罷業)을 선동(煽動)하는 등 사회혼란(社會混亂)을 조성했다.

이후 발발(勃發)한 6.25 전쟁은 김일성이 소련과 중국의 군사적 지원, 남노당에 의한 남한 사회의 혼란 조성, 주한미군 철수 등을 적화(赤化)의 만조기(滿潮期)로 판단한 결과였다. 김일성은 빠른 시일 내에 전(全) 한반도(韓半島) 적화혁명을 달성하고자 했으나 유엔군이 참전하고 인천상륙작전으로 수세에 몰리자 이를 혁명(革命)의 간조기(干潮期) 상황으로 판단, 다음 해인 1951년 6월에 휴전회담(休戰會談)을 제안(提案)하는 협상전술을 구상하였다.

1953년 7월 27일에 정전협정(停戰協定)은 체결되었으나 전쟁으로 산업(産業) 기반(基盤)이 파괴된 상황을 김일성은 혁명(革命)의 침체기(沈滯期)로 판단하였다. 이에 따라 김일성은 전후 복구사업에 전력을 투구하는 한편 전쟁(戰爭) 패배(敗北)의 책임(責任)을 남조선노동당(南朝鮮勞動黨)에 전가(轉

嫁)하여 이들을 숙청(肅淸)하는 등 김일성 체제의 기반을 공고히 다지는 작업에 착수했다.

3. 1960년대

1960년대는 북한(北韓)에게 시련(試鍊)과 위기(危機)를 느끼게 한 시기였다. 1950년대 말부터 계속된 중·소 이념분쟁(理念分爭)으로 김일성은 소련과 중국의 원조만을 기대하다가는 대남(對南) 적화야욕(赤化野慾)을 달성하기 위한 준비가 불가능할 것으로 판단했다. 또 1962년의 쿠바 미사일 위기 사태에서 소련(蘇聯)이 미국(美國)에 굴복(屈伏)하는 모습을 보면서 크게 실망했다. 이에 북한은 독자적(獨自的)으로 전쟁(戰爭)을 수행할 수 있는 군사력(軍事力) 건설(建設)을 추진하기 시작했다.

김일성은 1961년 4월 19일에 남한 지역에서 일어난 민주화 운동 시기를 만조기(滿潮期) 단계로 보았으나 북한의 전쟁 피해 복구가 되지 않았고, 6.25 전쟁 이후 미군(美軍)이 다시 남한 지역에 주둔(駐屯)함으로써 재남침(再南侵)의 호기(好機)를 놓치고 말았다. 이때 적화통일을 하지 못한 것을 크게 아쉬워했던 김일성은 무력통일 준비를 위해 대남 전략을 군(軍, 인민무력부 작전국)이 주도(主導)하게 하는 한편 대한민국(大韓民國) 내부(內部)에 지하당(地下黨) 조직(組織)을 재건하면서 겉으로는 각종 위장(僞裝) 평화공세(平和攻勢)를 펼치기 시작했다. 김일성이 처음으로 연방제(聯邦制) 통일안(統一案)을 제시한 것도 1960년 8월 15일이다.

1962년 12월에 북한은 4대 군사노선(軍事路線)을 선포한 이후 본격적으로 군사력을 확충하기 시작했다. 그리고 전후 복구사업이 어느 정도 마무리되고 군사력(軍事力)에 대한 자신감(自信感)을 갖게 되자 혁명(革命)의 앙양기

(昂揚期) 단계로 판단하고 1960년대 후반부터 수차례에 걸쳐 군사적(軍事的) 도발(挑發)을 감행(敢行)하였다.

1968년 1월 21일에 있었던 청와대(靑瓦臺) 기습사건(奇襲事件), 같은 해 1월 23일에 있었던 미군(美軍) 정찰함(偵察艦) 푸에블로호 나포(拿捕)사건, 11월에 있었던 울진 · 삼척 지구 무장공비 침투사건, 1969년에 있었던 미군 정찰기(EC-121) 격추사건, 그리고 KAL기 납북(拉北) 사건(事件) 등이 이 시기에 발생한 주요 도발(挑發)들이다.

가. 1.21 **청와대 기습사건**(1968. 1. 21.)

북한군 인민 무력부 예하 정찰국 소속 김신조를 비롯한 31명의 무장공비들이 청와대를 습격하기 위해 침투한 사건.

나. **미 푸에블로호 나포사건**(1968. 1. 23.)

미군 정찰함인 푸에블로호가 동해상에서 북한군에게 나포된 사건.

다. **울진. 삼척지구 무장공비 침투사건**(1968. 10. 30.~11. 2.)

1968년 10월 30일부터 11월 2일까지 3차례에 걸쳐 무장공비 120명을 침투시킨 사건으로 약 2개월간의 작전 끝에 무장 공비 113명 사살, 7명 생포, 우리 측은 군인과 경찰 등 26명 사망.

라. EC-121미군 정찰기격추사건(1969. 4. 15.)

미 해군 소속의 EC-121 조기경보기가 동해 상공에서 북한 공군 소속 M-21 전투기의 공격을 받아 해상으로 추락해 승무원 31명 전원이 사망한 사건.

4. 1970년대~1980년대

1970~1980년대 북한은 겉으로는 남북대화(南北對話)를 내세운 통일전선(統一戰線) 전술(戰術)을 펼치면서 남침용(南侵用) 제1땅굴(1974년), 제2땅굴(1975년), 제3땅굴(1978년)을 파는 등 도발을 계속했다. 1976년 8월 18일에는 판문점 도끼만행사건을 일으켰으며, 박정희 대통령 저격(狙擊) 미수사건(육영수 여사 피살, 1974년), 미얀마 아웅산 국립묘지 폭발사건(1983년) 등 요인(要人) 암살(暗殺) 공작(工作)을 자행했다.

아웅산 테러를 포함한 크고 작은 도발로 인해 국제적(國際的) 고립(孤立)과 경제적(經濟的) 위기(危機)로 총체적 난국에 처한 북한은 1980년대의 정세(情勢)를 침체기(沈滯期)로 판단, 1984년에 남한 지역의 홍수로 인한 대남(對南) 수재물자(水災物資) 제공(提供)을 제의하면서 남북대화(南北對話)를 재개(再開)하기 시작했다. 이는 적화통일(赤化統一) 역량(力量)을 비축하기 위한 전형적인 화전양면전술(和戰兩面戰術)의 일환이었다. 하지만 다른 한편으로는, 1988년 서울 올림픽 방해(妨害)와 대통령 선거 정국의 혼란을 조성할 목적으로 KAL 858기 폭파사건(1987년)을 저지르기도 했다.

가. 판문점 도끼만행사건(1976. 8. 18.)

판문점 공동 경비구역(JSA)에서 북한 경비병 30여 명이 미루나무 가지치기 작업을 하고 있던 미군 장교 2명을 도끼와 곡괭이 등으로 무참하게 살해한 사건.

나. KAL 858기 폭파사건(1987. 11. 29.)

88 서울 올림픽 개최를 방해할 목적으로 이라크 바그다드 공항을 이륙하여 태국 방콕을 향해 비행하던 대한항공 858편(B-707) 여객기가 미얀마 근해 상공에서 북한 공작원(김현희)이 설치한 기내 폭발물에 의해 공중 폭발하여 승객과 승무원 115명 전원이 사망한 사건.

5. 1990년대 이후

1990년대 들어 북한은 소련(蘇聯)을 중심으로 한 동구(東歐) 공산권(共産圈)의 붕괴(崩壞)와 한중 국교 정상화 등으로 고립(孤立)이 심화(深化)되는 한편 내부적으로는 '고난(苦難)의 행군(行軍)'으로 불리는 대기근(大飢饉)에 시달리는 등 총체적인 위기에 직면했다. 이른바 혁명 여건의 침체기(沈滯期)를 맞게 된 것이다. 이에 따라 북한은 1990년대 중반까지 '우리식대로 살자'라는 구호 아래 주체사상(主體思想)에 기초한 북한식(北韓式) 사회주의(社會主義)를 표방(標榜)하고 대내적인 체제 안정에 집중하였다.

그러나 1990년대 중반부터 '우리민족끼리'라는 민족주의(民族主義) 명분(名分)을 내세워 통일전선(統一戰線) 공작(工作)을 강화하면서, 대한민국 내

종북세력(從北勢力)의 확산과 이들을 이용한 반정부 투쟁에 주력하였다. 이후 대남 적화혁명 정세를 앙양기(昻揚期)로 판단한 북한은 대남 공작의 중심을 당(黨)에서 군(軍)으로 옮기고 우리 측의 역량을 평가하기 위해 강릉(江陵) 지역(地域) 잠수함(潛水艦) 침투사건(1996년), 3차에 걸친 서해상에서의 도발(1999, 2002, 2009년), 천안함 피격사건(2010년), 연평도 포격 도발(2010년), 디도스(DDos) 공격 등 각종 도발을 자행하였다.

특히 북한은 이 시기에 3차에 걸친 핵실험(核實驗)과 함께 화생방 무기, 미사일과 같은 '대량살상무기(大量殺傷武器, WMD)' 개발에도 주력했다.

가. 강릉 잠수함 침투사건(1996. 9. 18.)

강릉시 강동면 안인진리 해안가에서 좌초된 북한 잠수정이 발견된 후 49일간의 소탕작전으로 무장간첩 1명 생포, 13명 사살, 11명은 잠수정에서 사체로 발견, 이들은 북한 인민무력부 정찰국 소속으로 총 26명이 잠수정을 타고 침투한 것으로 확인됨.

나. 제1 · 제2연평해전(1999. 6. 15./ 2002. 6. 29.)

연평도 인근 NNL 남방 해상에서 북한 경비정의 기습적인 선제 사격에 대해 우리 해군 경비함정이 대응사격을 실시한 해전으로, 제1연평해전 당시 북한은 어뢰정 1척이 격침되고 다수의 사상자가 발생하는 큰 피해를 입었으나 우리 측은 경미한 피해만 발생하였다. 제2연평해전 시 북한은 경비정 1척이 파손되고 사상자 30여 명이 발생하였으며, 우리 측도 6명의 장병이 전사하고 고속정 1척이 예인 중 침몰하는 등의 피해를 입은 사건.

다. 대청해전(2009. 11. 10.)

대청도 인근 해상에서 북한 경비정의 조준 사격에 대해 우리 고속정이 대응사격을 실시한 해전으로 북한 경비정 1척이 파손되고 다수의 사상자가 발생하였으며 우리 해군은 경비한 피해를 입은 사건.

라. 천안함 피격사건(2010. 3. 26.)

백령도 인근 해상에서 초계임무 수행 중이던 해군 2함대 소속 천안함이 북한군의 어뢰 공격에 의해 침몰하여 승조원 104명 중 45명과 구조 작전병력 1명 등 46명이 사망한 사건.

마. 연평도 포격 도발(2010. 11. 23.)

북한군이 연평도에 방사포 170여 발을 발사하여 군인 2명 전사, 민간인 2명 사망, 18명이 부상당한 사건으로, 1953년 정전협정 이후 최초로 북한이 대한민국 영토에 직접 포탄을 발사하여 공격했다는 점에서 명백한 정전협정(停戰協定) 위반 행위이며, 무고한 민간인을 상대로 포격하여 민간인이 희생되었다는 점에서도 국제법을 무시한 중대한 범죄행위라고 할 수 있는 사건.

바. DMZ 지뢰도발과 서부전선 포격도발(2015. 8. 20.)

북한군이 우리 1사단 DMZ 지뢰도발로 한국군 장병 2명에게 심각한 부상을 입혔으며, 이에 대응 조치로 '대북 심리전'을 펼치자 대북 확성기(擴聲器)

인근 지역에 대한 포격도발을 감행했다. 이는 연평도 포격도발에 이은 또 한번의 대한민국 영토에 대한 직접적인 공격행위로서 정전협정 위반이자 침략행위라고 할 수 있는 사건.

부록 2. 한일합병(韓日合併) 조약(條約) 전문(全文)

한국 황제폐하와 일본국 황제폐하는 양국 간의 특수하고 친밀한 관계를 회고하여 상호 행복을 증진하며 동양의 평화를 영구히 확보하고자 하는 바 이 목적을 달성하기 위하여서는 한국을 일본제국에 병합한만 같지 못한 것을 확신하여 이에 양국 간에 병합 조약을 체결하기로 결하고 일본국 황제폐하는 통감 자작 사내정의 한국 황제폐하는 내각총리대신 이완용을 명기 전권위원으로 임명함.

이 전권위원은 회동협의한 후 좌의 제조를 협정함.

1. 한국 황제폐하는 한국정부에 관한 일절의 통치권을 완전하고도 영구히 일본국 황제폐하에게 양여함.
2. 일본국 황제폐하는 전 조에 게재한 양여를 수락하고 또 전연 한국을 일본국에 병합함을 수락함.
3. 일본국 황제폐하는 한국의 황제폐하, 태황제폐하, 황태자 폐하와 그 후비 및 후예로 하여금 명기 지위에 응하여 상당한 존칭, 위엄 그리고 명예를 향유케 하며 또 이를 보지하기에 충분한 세비를 공급할 것을 약함.
4. 일본 황제폐하는 전 조 이외의 한국 왕족과 그 후예에 대하여 명기 상당한 명예와 예우를 향유케 하며 또 이를 유비하기 위한 자금을 공여할 것을 약함.
5. 일본국 황제폐하는 훈공 있는 한인으로서 특히 표창을 행함이 적당하다고 인정되는 지에 대하여 영작을 수여하고 또 은, 금을 공여 할 것.
6. 일본국 정부는 전기병합의 결과로서 전연 한국의 시정을 담임하고 동

지에 시행하는 법규를 준수하는 한인의 신체와 재산에 대하여 충분한 보호를 하며 또 기 복리의 증진을 도모 할 것.

7. 일본국 정부는 성의와 충실로 신제도를 존중하는 한인으로서 상당한 자격이 있는 자를 사정이 허락하는 한에서 한국에 있는 제국관리로 등용할 것.
8. 본 조약은 일본국 황제폐하와 한국 황제폐하의 재가를 경한 것으로 공시일로부터 시행함.

위 증거로 양 전권위원은 본 조약에 기명 조인하는 것이다.

융희 4년 8월 22일 내각총리대신 이완용 인

명치 43년 8월 22일 통감 자작 시내정의 인

부록 3. 한미상호방위조약(韓美相互防衛條約) 전문(全文)

1953. 10.1 워싱턴에서 서명

1954. 11. 18 발표

본 조약의 당사국은 모든 국민과 모든 정부와 평화적으로 해결하고자 하는 희망을 재인식하며 또한 태평양 지역에 있어서 고립하여 있다는 환각을 어떠한 잠재적 침략자도 가지지 않도록 외부로부터의 무력 공격에 대하여 그들 자신을 방위하고자 하는 공통의 결의를 공공연히 또한 정식으로 선언할 것을 희망하고 또한 태평양 지역에 있어서 더욱 포괄적이고 효과적인 지역적 안전보장 조직이 발생 될 때까지 평화와 안전을 유지하고자 집단적 방위를 위한 노력을 공고히 할 것을 희망하여 다음과 같이 협의한다.

제 1 조

당사국은 관련될지도 모르는 어떠한 국제적 분쟁이라도 국제적 평화와안전과 정의를 위태롭게 하지 않는 방법으로 평화적 수단에 의하여 해결하고 또한 국제관계에 있어서 국제연합의 목적이나 당사국이 국제연합에 대하여 부단한 의무에 배치되는 방법으로 무력에 의한 위협이나 무력의 행사를 삼가 할 것을 약속한다.

제 2 조

당사국 중 어느 일방의 정치적 독립 또는 안정이 외부로부터의 무력침공에 의하여 위협을 받고 있다고 어느 당사국이든지 인정할 때에는 언제든지 당사국은 서로 협의 한다. 당사국은 단독적으로나 공동으로나 자조와 상호 원조에 의하여 무력 공격을 방지하기 위한 적절한 수단을 지속하여 강화시킬 것이며, 본 조약을 실행하고 그 목적을 추진할 적절한 조치를 협의와 합의하에 취할 것이다.

제 3 조

각 당사국은 타 당사국의 행정 관리 하에 있는 영토 또한 금후 각 당사국이 타 당사국의 행정 관리 하에 합법적으로 들어갔다고 인정하는 영토에 있어서 타 당사국에 대한 태평양 지역에 있어서의 무력공격을 자국의 평화와 안전을 위태롭게 하는 것이라고 인정하고 공통으로 위협에 대처하기 위하여 각자의 헌법사의 수속에 따라 행동할 것을 선언 한다.

제 4 조

상호 합의에 의하여 결정된 바에 따라 미합중국의 육군, 해군 과 공군을 대한민국의 영토 내와 그 주변에 배치하는 권리를 대한민국은 이를 허여(許與)하고 미합중국은 이를 수락한다.

제 5 조

본 조약은 대한민국과 미합중국에 의하여 각자의 헌법상의 절차에 따라 비준 되어야 하며, 그 비준서가 양국에 의하여 워싱턴에서 교환 되었을 때에 효력을 발생한다.

제 6 조

본 조약은 무기한으로 유효하다. 어느 당사국이든지 타 당사국에 통고한 일 년 후에 본 조약을 종지시킬 수 있다.

이상의 증거로서 하기 전권위원은 본 조약에 서명 하였다.

본 조약은 1953년 10월 1일 워싱턴에서 한국문과 영문의 2통으로 작성되었다.

대한민국을 위하여 변 영 태

미합중국을 위하여 존 포스터 델레스

부록 4. SOFA 한미행정협정(韓美行政協定) 전문(全文)

대한민국과 아메리카 합중국의 상호방위조약 제4조에 의한
시설과 구역 및 대한민국에서의 합중국 군대의 지위에 관한 협정

1966년 7월 9일 서울에서 서명
1967년 2월 9일 발효

아메리카 합중국은 1950년 6월 25일, 1950년 6월 27일 및 1950년 7월 27일의 국제연합 안전보장 이사회의 재 결의와 1953년 10월 1일에 서명된 대한민국과 아메리카 합중국간의 상호방위조약 제4조에 따라, 대한민국의 영역 내 및 그 부근에 동 군대를 배치하였음에 비추어, 대한민국과 아메리카 합중국은 양국 간의 긴밀한 상호 이익의 유대를 공고히 하기 위하여, 시설과 구역 및 대한민국에서의 아메리카 합중국 군대의 지위에 관한 본 협정을 아래와 같이 체결하였다.

제1조 정의(Definitions)

본 협정에 있어서,

1. "합중국 군대의 구성원"이라 함은 대한민국의 영역안에 있는 아메리카합중국의 육군, 해군 또는 공군에 속하는 인원으로서 현역에 복무하고 있는 자를 말한다. 다만, 합중국 대사관에 부속된 합중국 군대의 인원과 개정된 1950년 1월 26일자 군사고문단협정에 그 신분이 규정된 인원은 제외한다.
2. "군속"이라 함은 합중국의 국적을 가진 민간인으로서 대한민국에 있는 합중국 군대에 고용되거나 동 군대에 근무하거나 또는 동반하는 자를 말하나, 통상적으로 대한민국에 거주하는 자, 또는 제15조제1항에 규정된 자는 제외한다. 본 협정의 적용에 관한 한 대한민국 및 합중국의 이중 국적자로서 합중국에 의하여 대한민

국에 들어온 자는 합중국 국민으로 간주한다.

3. "가족"이라 함은 다음의 자를 말한다.
   (가) 배우자 및 21세미만의 자녀
   (나) 부모 및 21세이상의 자녀 또는 기타 친척으로서 그 생계비의 반액이상을 합중국 군대의 구성원 또는 군속에 의존하는 자

제2조 시설과 구역-공여와 반환(Facilities and Are "as-Grant and Return)

1. (가) 합중국은 상호방위조약 제4조에 따라 대한민국안의 시설과 구역의 사용을 공여받는다. 개개의 시설과 구역에 관한 제협정은 본 협정 제28조에 규정된 합동위원회를 통하여 양 정부가 이를 체결하여야 한다. "시설과 구역"은 소재의 여하를 불문하고, 그 시설과 구역의 운영에 사용되는 현존의 설비, 비품 및 정착물을 포함한다.
   (나) 본 협정의 효력발생시에 합중국 군대가 사용하고 있는 시설과 구역 및 합중국 군대가 이러한 시설과 구역을 재사용할 때에 합중국 군대가 이를 재사용한다는 류보권을 가진 채 대한민국에 반환한 시설과 구역은 전기 (가)항에 따라 양 정부간에 합의된 시설과 구역으로 간주한다. 합중국 군대가 사용하고 있거나 재사용권을 가지고 있는 시설과 구역에 관한 기록은 본 협정의 효력발생 후에도 합동위원회를 통하여 이를 보존한다.
2. 대한민국 정부와 합중국정부는 어느 일방정부의 요청이 있을 때에는 이러한 협정을 재검토하여야 하며 또한 이러한 시설과 구역이나 그 일부를 대한민국에 반환하여야 할 것인지의 여부 또는 새로이 시설과 구역을 제공하여야 할 것인지의 여부에 대하여 합의할 수 있다.
3. 합중국이 사용하는 시설과 구역은 본 협정의 목적을 위하여 필요가 없게 되는 때에는 언제든지 합동위원회를 통하여 합의되는조건에 따라 대한민국에 반환되어야 하며, 합중국은 그와 같이 반환한다는 견지에서 동 시설과 구역의 필요성을 계속 검도할 것에 동의한다.
4. (가) 시설과 구역이 일시적으로 사용되지 않고 또한 대한민국 정부가 이러한 통고

를 받을 때에는 대한민국 정부는 잠정적으로 이러한 시설과 구역을 사용할 수 있거나 또는 대한민국 국민으로 하여금 사용시킬 수 있다. 다만, 이러한 사용은 합중국 군대에 의한 동 시설과 구역의 정상적인 사용목적에 유해하지 않을 것이라는 것이 합동위원회에 의하여 양 정부간에 합의되는 경우에 한한다.

(나) 합중국 군대가 일정한 기간에 한하여 사용할 시설과 구역에 관하여는 합동위원회는 이러한 시설과 구역에 관한 협정중에 본 협정의 규정이 적용되지 아니하는 한도를 명기하여야 한다.

제3조 시설과 구역-보안 조치(Facilities and Areas-Security Measures)

1. 합중국은 시설과 구역안에서 이러한 시설과 구역의 설정, 운영, 경호 및 관리에 필요한 모든 조치를 취할 수 있다. 대한민국 정부는 합중국 군대의 지원, 경호 및 관리를 위하여 동 시설과 구역에의 합중국 군대의 출입의 변의를 도모하기 위하여 합중국 군대의 요청과 합동위원회를 통한 양 정부간의 협의에 따라 동 시설과 구역에 린접한 또는 그 주변의 토지, 영해 및 영공에 대하여 관계법령의 범위내에서 필요한 조치를 취하여야 한다. 합중국은 또한 합동위원회를 통한 양 정부간의 협의에 따라 전기의 목적상 필요한 조치를 취할 수 있다.
2. (가) 합중국은 대한민국의 영역으로의, 영역으로부터의 또는 영역안의 항해, 항공, 통신 및 륙상 교통을 불필요하게 방해하는 방법으로 제1항에 규정된 조치를 취하지 아니할 것에 동의한다.

(나) 전자파 방사장치용「라디오」주파수 또는 이에 유사한 사항을 포함한 전기통신에 관한 모든 문제는 양 정부의 지정 통신 당국간의 약정에 따라 최대의 조정과 협력의 정신으로 신속히 계속 해결하여야 한다.

(다) 대한민국 정부는 관계법령과 협정의 범위내에서 전자파방사에 민감한 장치, 전기통신 장치 또는 합중국 군대가 필요로 하는 기타 장치에 대한 방해를 방지하거나 제거시키기 위한 모든 합리적인 조치를 취하여야 한다.

3. 합중국 군대가 사용하고 있는 시설과 구역에서의 운영은 공공 안전을 적절히 고려하여 수행되어야 한다.

제4조 시설과 구역-시설의 반환(Facilities and Areas-Return of Facilities)

1. 합중국 정부는 본 협정의 종료시나 그 이전에 대한민국 정부에 시설과 구역을 반환할 때에 이들 시설과 구역이 합중국 군대에 제공되었던 당시의 장태로 동 시설과 구역을 원장회부하여야 할 의무를 지지 아니하며, 또한 이러한 원장회부 대신으로 대한민국 정부에 보상하여야할 의무도 지지 아니한다.
2. 대한민국 정부는 본 협정의 종료시나 그 이전의 시설과 구역의 반환에 있어서, 동 시설과 구역에 가하여진 어떠한 개량에 대하여 또는 시설과 구역에 잔유한 건물 및 공작물에 대하여 합중국 정부에 어떠한 보상도 행할 의무를 지지 아니한다.
3. 전2항의 규정은 합중국 정부가 대한민국 정부와의 특별한 약정에 의거하여 행할 수 있는 건설공사에는 적용되지 아니한다.

제5조 시설과 구역-경비와 유지(Facilities and Areas-Cost and Maintenance)

1. 합중국은 제2항에 규정된 바에 따라 대한민국이 부담하는 경비를 제외하고는 본 협정의 유효기간동안 대한민국에 부담을 과하지 아니하고 합중국 군대의 유지에 따르는 모든 경비를 부담하기로 합의한다.
2. 대한민국은 합중국에 부담을 과하지 아니하고 본 협정의 유효기간동안 제2조 및 제3조에 규정된 비행장과 항구에 있는 시설과 구역처럼 공동으로 사용하는 시설과 구역을 포함한 모든 시설, 구역 및 통행권을 제공하고, 상당한 경우에는 그들의 소유자와 제공자에게 보상하기로 합의한다. 대한민국 정부는 이러한 시설과 구역에 대한 합중국 정부의 사용을 보장하고, 또한 합중국 정부 및 그 기관과 직원이 이러한 사용과 관련하여 제기할 수 있는 제삼자의 청구권으로부터 해를 받지 아니하도록 한다.

제6조 공익사업과 용역(Utilities and Service)

1. 합중국 군대는 대한민국 정부 또는 그 지방행정기관이 소유, 관리 또는 규제하는 모든 공익사업과 용역을 이용한다. "공익사업과 용역"이라 함은 수송과 통신의 시설 및 기관, 전기, 「까스」, 수도, 「스팀」, 전열, 전등, 동력 및 하수 오물 처리를 포

함하되, 이것에만 한정하는 것은 아니다. 본항에 규정된 공익사업과 용역의 이용은 합중국이 군용 교통시설, 통신, 동력 및 합중국 군대의 운영에 필요한 기타 공익사업과 용역을 운영하는 권리를 침해하는 것은 아니다. 전기 권리는 대한민국 정부에 의한 동 정부의 공익사업과 용역의 운영과 합치하지 아니하는 방법으로 행사되어서는 아니된다.

2. 합중국에 의한 이러한 공익사업과 용역의 이용은 어느 타이용자에게 부여된 것보다 불리하지 아니한 우선권,조건 및 사용료나 요금에 따라야 한다.

제7조 접수국 법령의 존중(Respect of Local Law)

합중국 군대의 구성원, 군속과 제15조에 따라 대한민국에 거주하고 있는 자 및 그들의 가족은 대한민국안에 있어서 대한민국의 법령을 존중하여야 하고, 또한 본 협정의 정신에 위배되는 어떠한 활동 특히 정치적 활동을 하지 아니하는 의무를 진다.

제8조 출입국(Entry and Exit)

1. 본조의 규정에 따를 것을조건으로 합중국은 합중국 군대의 구성원, 군속 및 그들의 가족인 자를 대한민국에 입국시킬 수 있다. 대한민국 정부는 양 정부간에 합의될 절차에 따라 입국자와 출국자의 수 및 종별을 정기적으로 통고받는다.
2. 합중국 군대의 구성원은 여권 및 사증에 관한 대한민국 법령의 적용으로부터 면제된다. 합중국 군대의 구성원, 군속 및 그들의 가족은 외국인의 등록 및 관리에 관한 대한민국 법령의 적용으로부터 면제된다. 그러나, 대한민국 영역 안에서 영구적인 거소 또는 주소를 요구할 권리를 취득하는 것으로 인정되지 아니한다.
3. 합중국 군대의 구성원은 대한민국에 입국하거나 대한민국으로부터 출국함에 있어서 다음 문서를 소지하여야 한다.
   (가) 성명, 생년월일, 계급과 군번 및 군의 구분을 기재하고 사진을 첨부한 신분증명서 및
   (나) 개인 또는 집단이 합중국 군대의 구성원으로서 가지는 지위 및 명령받은 여행을 증명하는 개별적 또는 집단적 여행의 명령서

합중국 군대의 구성원은 대한민국에 있는 동안 그들의 신분을 증명하기 위하여 전기 신분증명서를 소지하여야 하며, 동 신분증명서는 대한민국의 관계당국이 요구하면 이를 제시하여야 한다.

4. 군속, 그들의 가족 및 합중국 군대의 구성원의 가족은 합중국 당국이 발급한 적절한 문서를 소지하여, 대한민국에 입국하거나 출국함에 있어서 또한 대한민국에 체류할 동안 그들의 신분이 대한민국 당국에 의하여 확인되도록 하여야 한다.
5. 본조 제1항에 따라 대한민국에 입국한 자가 그 신분의 변경으로 인하여 전기 입국의 자격을 가지지 못하게 된 경우에는 합중국 당국은 대한민국 당국에 이를 통고하여야 하며, 또한 그자가 대한민국으로부터 퇴거할 것을 대한민국 당국이 요청한 경우에는 대한민국 정부의 부담에 의하지 아니하고 상당한 기간내에 대한민국으로부터 수송하는 것을 보장하여야 한다.
6. 대한민국 정부가 합중국 군대의 구성원 또는 군속을 그 영역으로부터 이송시킬 것을 요청하거나 합중국 군대의 전 구성원 또는 전 군속에 대하여 또는 이러한 군대구성원, 군속, 전 구성원 또는 전 군속들의 가족에 대하여 추방 명령을 한 경우에는, 합중국 당국은 그 자를 자국의 영역안에 받아들이거나 그러하지 아니하면 그 자를 대한민국 영역 밖으로 내보내는 책임을 진다. 본항의 규정은 대한민국의 국민이 아닌 합중국 군대의 구성원이나 군속의 자격으로 또는 그러한 자가 될 목적으로 대한민국에 입국한 자 및 이러한 자의 가족에 대하여서만 적용한다.

제9조 통관과 관세(Customers and Duties)

1. 합중국 군대의 구성원, 군속 및 그들의 가족은 본 협정에서 규정된 경우를 제외하고는, 대한민국 세관당국이 집행하고 있는 법령에 따라야 한다.
2. 합중국 군대(동 군대의 공인 조달기관과 제13조에 규정된 비세출자금기관을 포함한다)가 합중국 군대의 공용을 위하거나 또는 합중국 군대, 군속 및 그들의 가족의 사용을 위하여 수입하는 모든 자재, 수용품 및 비품과, 합중국 군대가 전용할 자재, 수용품 및 비품 또는 합중국 군대가 사용하는 물품이나 시설에 최종적으로 합체될 자재, 수용품 및 비품은 대한민국에의 반입이 허용된다. 이러한 반입에는 관

세 및 기타의 과징금이 부과되지 아니한다.

전기의 자재, 수용품 및 비품은 합중국 군대(동 군대의 공인 조달기관과 제13조에 규정된 비세출자금기관을 포함한다)가 수입한 것이라는 뜻의 적당한 증명서를 필요로 하거나, 또는 합중국 군대가 전용할 자재, 수용품 및 비품 또는 동 군대가 사용하는 물품이나 시설에 최종적으로 합체될 자재, 수용품 및 비품에 있어서는 합중국 군대가 전기의 목적을 위하여 수령할 뜻의 적당한 증명서를 필요로 한다. 본항에서 규정된 면제는 합중국 군대가 동 군대로부터 군수지원을 받는 통합사령부 산하 주한 외국군대의 사용을 위하여 수입한 자재, 수용품 및 비품에도 적용한다.

3. 합중국 군대의 구성원, 군속 및 그들의 가족에게 탁송되고 또한 이러한 자들의 사용에 제공되는 재산에는 관세 및 기타의 과징금을 부과한다. 다만, 다음의 경우에는 관세 및 기타의 과징금을 부과하지 아니한다.
   (가) 합중국 군대의 구성원이나 군속이 대한민국에서 근무하기 위하여 최초로 도착한 때에, 또한 그들의 가족이 이러한 군대의 구성원이나 군속과 동거하기 위하여 최초로 도착한 때에 사용을 위하여 수입한 가구, 가정용품 및 개인용품
   (나) 합중국 군대의 구성원이나 군속이 자기 또는 그들의 가족의 사용을 위하여 수입하는 차량과 부속품
   (다) 합중국 군대의 구성원, 군속 및 그들의 가족의 사용을 위하여 합중국안에서통상적으로 구입되는 종류의 합리적인 양의 개인용품 및 가정용품으로서 합중국 군사 우변국을 통하여 대한민국에 우송되는 것
4. 제2항 및 제3항에서 허용한 면제는 물품 수입의 경우에만 적용되며, 또한 당해 물품의 반입시에 관세와 내국소비세가 이미 징수된 물품을 구입하는 경우에는 세관당국이 징수한 관세와 내국소비세를 환불하는 것으로 해석되지 아니한다.
5. 세관검사는 다음의 경우에는 이를 행하지 아니한다.
   (가) 휴가명령이 아닌 명령에 따라 대한민국에 입국하거나 대한민국으로부터 출국하는 합중국 군대의 구성원
   (나) 공용의 봉인이 있는 공문서 및 공용의 우변 봉인이 있고 합중국 군사 우변경로에 있는 제1종 서장

(다) 합중국 군대에 탁송된 군사화물

6. 관세의 면제를 받고 대한민국에 수입된 물품은 대한민국 당국과 합중국 당국이 상호 합의하는조건에 따라 처분을 인정하는 경우를 제외하고는 관세의 면제로 당해 물품을 수입하는 권리를 가지지 아니하는 자에 대하여 대한민국안에서 이를 처분하여서는 아니된다.
7. 제2항 및 제3항에 의거하여 관세 및 기타의 과징금의 면제를 받고 대한민국에 수입된 물품은 관세 및 기타의 과징금의 면제를 받고 이를 재수출할 수 있다.
8. 합중국 군대는 대한민국 당국과 협력하여 본조의 규정에 따라 합중국 군대, 동 군대의 구성원, 군속 및 그들의 가족에게 부여된 특권의 남용을 방지하기 위하여 필요한 조치를 취하여야 한다.
9. (가) 대한민국 당국과 합중국 군대는 대한민국 정부의 세관당국이 집행하는 법령에 위반하는 행위를 방지하기 위하여 조사의 실시 및 증거의 수집에 있어서 상호 협조하여야 한다.

   (나) 합중국 군대는 대한민국 정부의 세관당국에 의하여 또는 이에 대신하여 행하여지는 압류될 물품을 인도하도록 확보하기 위하여 그의 권한내의 모든 원조를 제공하여야 한다.

   (다) 합중국 군대는 합중국 군대의 구성원이나 군속 또는 그들의 가족이 납부할 관세, 조세 및 벌금의 납부를 확보하기 위하여 그의 권한내의 모든 원조를 제공하여야 한다.

   (라) 합중국 군대당국은 세관검사의 목적으로 군사상 통제하는 부두와 비행장에 파견된 세관 직원에게 가능한 모든 원조를 제공하여야 한다.

   (마) 합중국 군대에 속하는 차량 및 물품으로서 대한민국 정부의 관세 또는 재무에 관한 법령에 위반하는 행위에 관련하여 대한민국 정부의 세관당국이 압류한 것은, 관계 부대당국에 인도하여야 한다.

제10조 선박과 항공기의 기착(Access of Vessels and Aircraft)

1. 합중국에 의하여, 합중국을 위하여 또는 합중국의 관리하에서 공용을 위하여 운항

되는 합중국 및 외국의 선박과 항공기는 대한민국의 어떠한 항구 또는 비행장에도 입항료 또는 착륙료를 부담하지 아니하고 출입할 수 있다. 본 협정에 의한 면제가 부여되지 아니한 화물 또는 여객이 이러한 선박 또는 항공기에 의하여 운송될 때에는 대한민국의 관계당국에 그 뜻을 통고하여야 하며, 그 화물 또는 여객의 대한민국에의 출입국은 대한민국의 법령에 따라야 한다.

2. 제1항에 규정된 선박과 항공기, 기갑 차량을 포함한 합중국 정부 소유의 차량 및 합중국 군대의 구성원, 군속 및 그들의 가족은 합중국 군대가 사용하고 있는 시설과 구역에 출입하고, 이들 시설과 구역간을 이동하고, 또한 이러한 시설과 구역 및 대한민국의 항구 또는 비행장간을 이동할 수 있다. 합중국의 군용 차량의 시설과 구역에의 출입 및 이들 시설과 구역간의 이동에는 도로사용료 및 기타의 과징금을 과하지 아니한다.
3. 제1항에 규정된 선박이 대한민국 항구에 입항하는 경우 통상적인 장태하에서는 대한민국의 관계당국에 대하여 적절한 통고를 하여야 한다. 이러한 선박은 강제도선이 면제되나, 도선사를 사용하는 경우에는 적절한 률의 도선료를 지급하여야 한다.

제11조 기상업무(Meteorological Service)

대한민국 정부는 양국 정부의 관계당국간의 약정에 따라 다음의 기상업무를 합중국 군대에 제공함을 약속한다.

(가) 선박에 의한 관측을 포함한 지상 및 해상에서의 기상관측

(나) 정기적 개황과 가능하다면 과거의 자료도 포함한 기상자료

(다) 기상 정보를 보도하는 전기통신업무

(라) 지진 관측의 자료

제12조 항공 교통 관제 및 운항 보조 시설(Air Traffic Control and Navigational Aids)

1. 모든 민간 및 군용 항공 교통 관제는 긴밀한 협조를 통하여 발달을 이룩하여야 하며 또한 본 협정의 운영상 필요한 범위까지 통합되어야 한다. 이러한 협조 및 통합을 이룩하는데 필요한 절차 및 이에 대한 추후의 변경은 양 정부의 관계당국

간에 성립되는 약정에 의하여 설정된다.

2. 합중국은 대한민국 전역과 그 영해에 선박 및 항공기의 운항 보조시설(소요되는 바에 따라 시각형과 전자형)을 설치, 건립 및 유지할 권한을 가진다. 이러한 운항 보조시설은 대한민국에서 사용되고 있는 체제에 대체로 합치하여야 한다. 운항 보조시설을 설치한 대한민국 및 합중국의 당국은 동 보조시설의 위치와 특징을 적절히 상호 통고하여야 하며, 또한 이들 보조시설을 변경하거나 부가적인 운항 보조시설을 설치하기에 앞서 가능한 한 사전 통고를 하여야 한다.

제13조 비세출자금기관(Non-appropriated Fund Organization)

1. (가) 합중국 군 당국이 공인하고 규제하는 군 판매점, 식당, 사교「클럽」, 극장, 신문 및 기타 비세출자금기관은 합중국 군대의 구성원, 군속 및 그들의 가족의 이용을 위하여 합중국 군대가 설치할 수 있다. 이러한 제 기관은 본 협정에 달리 규정하는 경우를 제외하고는 대한민국의 규제, 면허, 수수료, 조세 또는 이에 유사한 관리를 받지 아니한다.

   (나) 합중국 군 당국이 공인하고 규제하는 신문이 일반 대중에 판매되는 때에는 그 배포에 관한 한 대한민국의 규제, 면허, 수수료, 조세 또는 이에 유사한 관리를 받는다.

2. 이러한 제 기관에 의한 상품 및 용역의 판매에는 본조제1항 (나)에 규정된 바를 제외하고는 대한민국의 조세를 부과하지 아니하나, 이러한 제 기관에 의한 상품 및 수용품의 대한민국 안에서의 구입에는 양 정부간에 달리 합의하지 아니하는 한 이러한 상품 및 수용품의 다른 구입자가 부과받는 대한민국의 조세를 부과한다.

3. 이러한 제 기관이 판매하는 물품은 대한민국 및 합중국의 당국이 상호 합의하는 조건에 따라 처분을 인정하는 경우를 제외하고는 이러한 제 기관으로부터의 구입이 인정되지 아니한 자에 대하여 대한민국안에서 이를 처분하여서는 아니된다.

4. 본조에 규정된 제 기관은 합동위원회에서 양 정부 대표간의 협의를 통하여 대한민국 조세당국에 대한민국 세법이 요구하는 정보를 제공하여야 한다.

제14조 과세(Taxation)

1. 합중국 군대는 그가 대한민국안에서 보유, 사용 또는 이전하는 재산에 대하여 조세 또는 이에 유사한 과징금을 부과받지 아니한다.
2. 합중국 군대의 구성원, 군속 및 그들의 가족은 이들이 제13조에 규정된 제 기관을 포함한 합중국 군대에서 근무하거나 고용된 결과로 취득한 소득에 대하여 대한민국 정부 또는 대한민국에 있는 기타 과세기관에 대하여 어떠한 대한민국의 조세도 납부할 의무를 부담하지 아니한다. 합중국 군대의 구성원, 군속 또는 그들의 가족이라는 리유만으로써 대한민국에 류하는 자는 대한민국밖에서의 원천으로부터 발생한 소득에 대하여, 대한민국 정부 또는 대한민국에 있는 어느 과세기관에 대하여서도 어떠한 대한민국의 조세도 이를 납부할 의무를 부담하지 아니하며, 또한 이러한 자가 대한민국에 체류하는 기간은 대한민국 조세의 부과상 대한민국에 거소나 주소를 가지는 기간으로 간주되지 아니한다. 본조의 규정은 이러한 자에 대하여 본항 첫단에서 규정하고 있는 원천이외의 대한민국의 원천에서 발생한 소득에 대하여, 대한민국 조세의 납부의무를 면제하지 아니하며, 또한 합중국의 소득세 때문에 대한민국에 소가 있다고 신립하는 합중국 시민에 대하여는 소득에 대한 대한민국 조세의 납부를 면제하지 아니한다.
3. 합중국 군대의 구성원, 군속 및 그들의 가족은 그들이 단지 일시적으로 대한민국에 체류한 에 기인하여 대한민국에 소재하는 동산 또는 무체재산권의 보유, 사용 및 이들 상호 간의 이전 또는 사망에 의한 이전에 대하여는 대한민국에서의 과세로부터 면제받는다. 다만, 이러한 면제는 대한민국안에서 투자를 위하거나 사업을 행하기 위하여 보유한 재산 또는 대한민국에서 등록된 어떠한 무체재산권에도 적용되지 아니한다.

제15조 초청 계약자(Invited Contractors)

1. (가) 합중국의 법률에 따라 조직된 법인, (나) 통상적으로 합중국에 거주하는 그의 고용원 및 (다) 전기한 자의 가족을 포함하여 합중국 군대 또는 동 군대로부터 군수지원을 받는 연합사령부 산하 주한외국군대를 위한 합중국과의 계약 이행만을

위하여 대한민국에 체류하고 또한 합중국 정부가 하기 제2항의 규정에 따라 지정한 자는 본조에 규정된 경우를 제외하고는 대한민국의 법령에 따라야 한다.

2. 전기 제1항에 규정된 지정은 대한민국 정부와의 협의에 의하여 이루어져야 하고 또한 안전상의 고려, 관계업자의 기술상의 적격요건, 합중국의 표준에 합치하는 자재 또는 용역의 여 또는 합중국의 법령상의 제한 때문에 공개경쟁입찰을 실시할 수 없는 경우에만 행하여져야 한다. 그 지정은 다음의 경우에는 합중국 정부는 이를 철회하여야 한다.
   (가) 합중국 군대 또는 동 군대로부터 군수지원을 받는 통합사령부 산하 주한외국군대를 위한 합중국과의 계약이 종료되는 때
   (나) 이러한 자가 합중국 군대 또는 동 군대로부터 군수지원을 받는 통합사령부 산하 주한외국군대관계의 사업활동이외의 사업활동에 종사하고 있는 사실이 입증되는 때
   (다) 이러한 자가 대한민국에서 위법한 활동에 종사하는 사실이 입증되는 때

3. 이러한 자는 그의 신분에 관한 합중국 관계당국의 증명이 있는 때에는 본 협정상의 다음의 이익이 부여된다.
   (가) 제10조제2항에 규정된 출입 및 이동
   (나) 제8조의 규정에 따른 대한민국에의 입국
   (다) 합중국 군대의 구성원, 군속 및 그들의 가족에 대하여 제9조제3항에 규정된 관세 및 기타 과징금의 면제
   (라) 합중국 정부에 의하여 인정되는 때에는 제13조에 규정된 기관의 용역 이용
   (마) 합중국 군대의 구성원, 군속 및 그들의 가족에 대하여 제18조제2항에 규정된 것
   (바) 합중국 정부에 의하여 인정되는 때에는 제19조에 규정된 바에 따른 군표의 사용
   (사) 제20조에 규정된 우변시설의 이용
   (아) 공익사업과 용역에 관하여, 제6조에 의하여 합중국 군대에 부여되는 우선권, 조건, 사용료나 요금에 따르는 공익사업과 용역의 이용
   (자) 고용조건 및 사업과 법인의 면허와 등록에 관한 대한민국법령의 적용으로부

터의 면제

4. 이러한 자의 도착, 출발 및 대한민국에 있는 동안의 거소는 합중국 군대가 대한민국 당국에 이를 수시로 통고하여야 한다.
5. 이러한 자가 제1항에 규정된 계약 이행만을 위하여 보유하고 사용하며 또는 이전하는 감가 소각 자산(가옥을 제외한다)에 대하여는 합중국 군대의 권한있는 대표의 증명이 있는 때에는 대한민국의 조세 및 이에 유사한 과징금을 부과하지 아니한다.
6. 이러한 자는 합중국 군대의 권한있는 대표의 증명이 있는 때에는 그들이 단지 일시적으로 대한민국에 체류한 것에 기인하여 대한민국에 소재하는 동산 또는 무체재산권의 보유, 사용, 사망에 의한 이전 또는 본 협정에 따라 면세 받는 권리를 가지는 개인 또는 기관에의 이전에 대하여 대한민국에서의 과세로부터 면제된다. 다만, 이러한 면제는 대한민국안에서 투자를 위하거나 기타의 사업을 행하기 위하여 보유한 재산 또는 대한민국에서 등록된 어떠한 무체재산권에도 적용되지 아니한다.
7. 이러한 자는, 본 협정에 규정된 어느 것의 시설이나 구역의 건설, 유지 또는 운영에 관한 합중국 정부와의 계약에 의하여 발생하는 소득에 대하여, 대한민국 정부 또는 대한민국에 있는 기타의 과세기관에 소득세 또는 법인세를 납부할 의무를 지지 아니한다. 이러한 합중국과의 계약의 이행과 관련하여, 대한민국에 체류하는 자는 대한민국밖의 원천으로부터 발생하는 소득에 대하여 대한민국 정부 또는 대한민국에 있는 과세기관에 어떠한 대한민국 조세도 납부할 의무를 지지 아니하며, 또한 이러한 자가 대한민국에 체류하는 기간은 대한민국 조세의 부과상 대한민국에 거소나 주소를 가지는 기간으로 간주되지 아니한다. 본항의 규정은 이러한 자에 대하여 본항의 첫단에 규정된 원천 이외의 대한민국의 원천으로부터 발생하는 소득에 대하여 소득세 또는 법인세의 납부를 면제하는 것이 아니며, 또한 합중국의 소득세 때문에 대한민국에 거소가 있다고 신립하는 자에 대하여는 대한민국의 조세 납부를 면제하지 아니한다.
8. 대한민국 당국은 대한민국안에서 발생한 범죄로서 대한민국 법령에 의하여 처벌

할 수 있는 범죄에 관하여 이러한 자에 대하여 재판권을 행사할 권리를 가진다. 대한민국의 방위에 있어서의 이러한 자의 역할을 인정하여 그들은 제22조제5항, 제7항(나), 제9항 및 동 관계합의의사록의 규정에 따라야 한다. 대한민국 당국이 재판권을 행사하지 아니하기로 결정하는 경우에는 대한민국 당국은 조속히 합중국 군 당국에 통고하여야 한다. 합중국 군 당국은 이러한 통고를 접수하면 합중국 법령에 의하여 부여된 바에 따라 전기의 자에 대하여 재판권을 행사할 권리를 가진다.

제16조 현지조달(Local Procurement)

1. 합중국은 본 협정의 목적을 위하거나 본 협정에서 인정되는 바에 따라 대한민국안에서 공급 또는 제공될 자재, 수용품, 비품 및 용역(건축공사를 포함한다)의 조달을 위하여 계약자, 공급자 또는 용역을 제공하는 자의 선택에 관하여 제한을 받지 아니하고 계약할 수 있다. 이러한 자재, 수용품, 비품 및 용역은 양 정부의 관계당국간에 합의되는 바에 따라 대한민국 정부를 통하여 조달될 수 있다.
2. 합중국 군대의 유지를 위하여 현지에서 공급될 필요가 있는 자재, 수용품, 비품 및 용역으로서 그 조달이 대한민국의 경제에 악영향을 미칠 우려가 있는 것은 대한민국의 관계당국과의 조정하에, 또한 요망되는 경우에는 대한민국의 관계당국을 통하거나 그 원조를 얻어 조달되어야 한다.
3. 공인 조달기관을 포함한 합중국 군대가 대한민국안에서 공용을 위하여 조달하는 자재, 수용품, 비품 및 용역 또는 합중국 군대의 최종 소비사용을 위하여 조달하는 자재, 수용품, 비품 및 용역은 동 합중국 군대가 사전에 적절한 증명서를 제시하면, 다음의 대한민국 조세가 면제된다.

   (가) 물품세

   (나) 통행세

   (다) 석유류세

   (라) 전기「까스」세

   (마) 영업세

양국 정부는 본조에 명시하지 아니한 대한민국의 현재 또는 장래의 조세로서 합중국 대에 의하여 조달되거나 최종적으로 사용되기 위한 자재, 수용품, 비품 및 용역의 총 구입가격의 상당한 부분 및 용이하게 판별할 수 있는 부분을 이루는 것이라고 인정되는 것에 관하여, 본조의 목적에 합치하는 면세 또는 감세를 인정하기 위한 절차에 관하여 합의한다.

4. 합중국 군대의 구성원, 군속 및 그들의 가족은 본조를 리유로 하여 대한민국안에서 부과할 수 있는 물품 및 용역의 개인적 구입에 대하여 조세 또는 이에 유사한 공과금의 면제를 향유하는 것은 아니다.

5. 제3항에 규정된 조세의 면제를 받아 대한민국에서 구입한 물품은 대한민국 당국과 합중국 당국이 상호 간에 합의하는조건에 따라 처분을 인정하는 경우를 제외하고는 당해 물품을 면세로 구입하는 권리를 가지지 아니하는 자에 대하여 대한민국안에서 이를 처분하여서는 아니된다.

제17조 노무(Labor)

1. 본조에 있어서
   (가) "고용주"라 함은 합중국 군대(비세출자금기관을 포함한다) 및 제15조제1항에 규정된 자를 말한다.
   (나) "고용원"이라 함은 고용주가 고용한 군속이나 제15조에 규정된 계약자의고용원이 아닌 민간인을 말한다. 다만, (1) 한국로무단(「케이 · 에스 · 씨」)의구성원 및 (2) 합중국 군대의 구성원, 군속 또는 그들의 가족의 개인이 고용한 가사사용인은 제외된다. 이러한 고용원은 대한민국 국민이어야 한다.
2. 고용주는 그들의 인원을 모집하고 고용하며 관리할 수 있다. 대한민국 정부의 모집사무기관은 가능한 한 이용된다. 고용주가 고용원을 직접 모집하는 경우에는 고용주는 노동행정상 필요한 적절한 정보를 대한민국 노동청에 제공한다.
3. 본조의 규정과 합중국 군대의 군사상 필요에 배치되지 아니하는 한도내에서 합중국 군대가 그들의 고용원을 위하여 설정한 고용조건, 보상 및 로사관계는 대한민국의 노동법령의 제 규정에 따라야 한다.

4. (가) 고용주와 고용원이나 승인된 고용원 단체간의 쟁의로서, 합중국 군대의 불평처리 또는 노동관계 절차를 통하여 해결될 수 없는 것은 대한민국 노동법령중 단체행동에 관한 규정을 고려하여 다음과 같이 해결되어야 한다.

(1) 쟁의는 조정을 위하여 대한민국 노동청에 회부되어야 한다.

(2) 그 쟁의가 전기 (1)에 규정된 절차에 의하여 해결되지 아니한 경우에는 그 문제는 합동위원회에 회부되며, 또한 합동위원회는 새로운 조정에 노력하고저 그가 지정하는 특별위원회에 그 문제를 회부할 수 있다.

(3) 그 쟁의가 전기의 절차에 의하여 해결되지 아니한 경우에는 합동위원회는 신속한 절차가 뒤따를 것이라는 확증하에 그 쟁의를 해결한다. 합동위원회의 결정은 구속력을 가진다.

(4) 어느 승인된 고용원 단체 또는 고용원이 어느 쟁의에 대한 합동위원회의 결정에 불복하거나, 또는 해결절차의 진행중 정상적인 업무요건을 방해하는 행동에 종사함은 전기 단체의 승인철회 및 그 고용원의 해고에 대한 정당한 사유로 간주된다.

(5) 고용원단체나 고용원은 쟁의가 전기 (2)에 규정된 합동위원회에 회부된 후 적어도 70일의 기간이 경과되지 아니하는 한 정상적인 업무요건을 방해하는 어떠한 행동에도 종사하여서는 아니된다.

(나) 고용원 또는 고용원단체는 노동쟁의가 전기 절차에 의하여 해결되지 아니하는 경우에는 계속 단체행동권을 가진다. 다만, 합동위원회가 이러한 행동이 대한민국의 공동방위를 위한 합중국 군대의 군사작전을 심히 방해한다고 결정하는 경우에는 제외한다. 합동위원회에서 이 문제에 관하여 합의에 도달할 수 없을 경우에는 그 문제는 대한민국 정부의 관계관과 아메리카합중국 외교사절간의 토의를 통한 재검토의 대상이 될 수 있다.

(다) 본조의 적용은 전쟁, 적대행위 또는 전쟁이나 적대행위가 절박한 장태와 같은 국가 비상시에는 합중국 군 당국과의 협의하에 대한민국 정부가 취하는 비상조치에 따라 제한된다.

5. (가) 대한민국이 노동력을 배정할 경우에는 합중국 군대는 대한민국 국군이 가지

는 것보다 불리하지 아니한 배정 특권이 부여되어야 한다.

(나) 전쟁, 적대행위 또는 전쟁이나 적대행위가 절박한 장태와 같은 국가 비상시에는 합중국 군대의 임무에 긴요한 기술을 습득한 고용원은 합중국 군대의 요청에 따라 상호 협의를 통하여 대한민국의 병역이나 또는 기타 강제복무가 연기되어야 한다. 합중국 군대는 긴요하다고 인정되는 고용원의 명단을 대한민국에 사전에 제공하여야 한다.

6. 군속은 그들의 임용과 고용조건에 관하여 대한민국의 제 법령에 따르지 아니한다.

제18조 외환관리(Foreign Exchange Controls)

1. 합중국 군대의 구성원, 군속 및 그들의 가족은 대한민국 정부의 외환관리에 따라야 한다.
2. 전항의 규정은 합중국 "불" 또는 "불"증권으로서, 합중국의 공급인 것 또는 합중국 군대의 구성원 및 군속이 본 협정과 관련하여 근무하거나 고용된 결과로서 취득한 것 또는 이러한 자와 그들의 가족이 대한민국밖의 원천으로부터 취득한 것의 대한민국으로의 또는 대한민국으로부터의 이전을 막는 것으로 해석되지 아니한다.
3. 합중국 당국은 전항에 규정된 특권의 남용 또는 대한민국의 외환관리의 회피를 방지하기 위한 필요한 조치를 취하여야 한다.

제19조 군표(Military Payment Certification)

1. (가) "불"로 표시된 합중국 군표는 합중국에 의하여 인가받은 자가 그들 상호 간의 거래를 위하여 사용할 수 있다. 합중국 정부는 합중국의 규칙이 허용하는 경우를 제외하고는 인가 받은 자가 군표를 사용하는 거래에 종사하는 것을 금지하도록 보장하기 위한 적당한 조치를 취한다. 대한민국 정부는 인가받지 아니한 자가 군표를 사용하는 거래에 종사하는 것을 금지하기 위한 필요한 조치를 취하며 또한 합중국 당국의 원조를 얻어 군표의 위조 또는 위조군표의 사용에 관여하는 자로서 대한민국 당국의 재판권에 따르는 자를 체포하고 처벌할 것을 약속한다.

(나) 합중국 당국은 합중국의 법률이 허용하는 한도까지 인가받지 아니한 자에 대하여 군표를 행사하는 합중국 군대의 구성원, 군속 및 그들의 가족을 체포하고 처벌할 것에 합의하며, 또한 대한민국안에서 허용되지 아니하는 사용의 결과로서 합중국이나 그 기관이 이러한 인가를 받지 아니한 자 또는 대한민국 정부나 그 기관에 대하여 어떠한 의무도 부담시키지 아니할 것에 합의한다.

2. 합중국은 군표를 관리하기 위하여 합중국의 감독하에 합중국에 의하여 군표사용을 인가받은 자의 사용을 위한 시설을 유지하고 운영하는 일정한 아메리카의 금융기관을 지정할 수 있다. 군용은행시설의 유지를 인가받은 금융기관은 이러한 시설을 당해 기관의 대한민국의 상업금융업체로부터 장소적으로 분리하여 설치하고 유지할 것이며, 이러한 시설을 유지하고 운영하는 것을 유일의 임무로 하는 직원을 둔다. 이러한 시설은 합중국 통화에 의한 은행계정을 유지하고 또한 이러한 계정과 관련된 모든 금융거래(본 협정 제18조제2항에 규정된 범위내에서의 자금의 영수 및 송금을 포함한다)를 행하는 것이 허용된다.

제20조 군사우체국(Military Post Office)

합중국은 대한민국에 있는 합중국 군사우체국간 및 이러한 군사우체국과 기타 합중국 우체국간에 있어서의 우변물의 송달을 위하여 합중국 군대가 사용하고 있는 시설 및 구역안에 합중국 군대의 구성원, 군속 및 그들의 가족이 이용하는 합중국 군사우체국을 설치하고 운영할 수 있다.

제21조 회계절차(Accounting Procedures)

대한민국 정부와 합중국 정부는 본 협정으로부터 발생하는 금융거래에 적용할 수 있도록 회계절차를 위한 약정을 체결할 것에 합의한다.

제22조 형사재판권(Criminal Jurisdiction)

1. 본조의 규정에 따를 것을 조건으로,

(가) 합중국 군 당국은 합중국 군대의 구성원, 군속 및 그들의 가족에 대하여 합중

국 법령이 부여한 모든 형사재판권 및 징계권을 대한민국안에서 행사할 권리를 가진다.

(나) 대한민국 당국은 합중국 군대의 구성원, 군속 및 그들의 가족에 대하여 대한민국의 영역안에서 범한 범죄로서 대한민국 법령에 의하여 처벌할 수 있는 범죄에 관하여 재판권을 가진다.

2. (가) 합중국 군 당국은 합중국 군대의 구성원이나 군속 및 그들의 가족에 대하여 합중국 법령에 의하여서는 처벌할 수 있으나 대한민국 법령에 의하여서는 처벌할 수 없는 범죄(합중국의 안전에 관한 범죄를 포함한다)에 관하여 전속적 재판권을 행사할 권리를 가진다.

(나) 대한민국 당국은 합중국 군대의 구성원이나 군속 및 그들의 가족에 대하여, 대한민국 법령에 의하여서는 처벌할 수 있으나 합중국 법령에 의하여서는 처벌할 수 없는 범죄(대한민국의 안전에 관한 범죄를 포함한다)에 관하여 전속적 재판권을 행사할 권리를 가진다.

(다) 본조제2항 및 제3항의 적용상, 국가의 안전에 관한 범죄라 함은 다음의 것을 포함한다.

(1) 당해국에 대한 반역

(2) 방해 행위(「사보타아지」), 간첩행위 또는 당해국의 공무상 또는 국방상의 비밀에 관한 법령의 위반

3. 재판권을 행사할 권리가 경합하는 경우에는 다음의 규정이 적용된다.

(가) 합중국 군 당국은 다음의 범죄에 관하여는 합중국 군대의 구성원이나 군속 및 그들의 가족에 대하여 재판권을 행사할 제일차적 권리를 가진다.

(1) 오로지 합중국의 재산이나 안전에 대한 범죄, 또는 오로지 합중국 군대의 타 구성원이나 군속 또는 그들의 가족의 신체나 재산에 대한 범죄

(2) 공무집행중의 작위 또는 부작위에 의한 범죄

(나) 기타의 범죄에 관하여는 대한민국 당국이 재판권을 행사할 제일차적 권리를 가진다.

(다) 제일차적 권리를 가지는 국가가 재판권을 행사하지 아니하기로 결정한 때에

는 가능한 한 신속히 타방 국가당국에 그 뜻을 통고하여야 한다. 제일차적 권리를 가지는 국가의 당국은 타방국가가 이러한 권리포기를 특히 중요하다고 인정하는 경우에 있어서 그 타방국가의 당국으로부터 그 권리포기의 요청이 있으면 그 요청에 대하여 호의적 고려를 하여야 한다.

4. 본조의 전기 제 규정은 합중국 군 당국이 대한민국의 국민인 자 또는 대한민국에 통상적으로 거주하고 있는 자에 대하여 재판권을 행사할 권리를 가진다는 것을 뜻하지 아니한다. 다만, 그들이 합중국 군대의 구성원인 경우에는 그러하지 아니하다.

5. (가) 대한민국 당국과 합중국 군 당국은 대한민국 영역안에서 합중국 군대의 구성원, 군속 또는 그들의 가족을 체포함에 있어서 그리고 다음의 규정에 따라 그들을 구금할 당국에 인도함에 있어서 상호 조력하여야 한다.

(나) 대한민국 당국은 합중국 군 당국에 합중국 군대의 구성원, 군속 또는 그들의 가족의 체포를 즉시 통고하여야 한다. 합중국 군 당국은 대한민국이 재판권을 행사할 제일차적 권리를 가지는 경우에 있어서 합중국 군대의 구성원, 군속 또는 그들의 가족의 체포를 대한민국 당국에 즉시 통고하여야 한다.

(다) 대한민국이 재판권을 행사할 합중국 군대의 구성원, 군속 또는 그들의 가족인 피의자의 구금은 그 피의자가 합중국 군 당국의 수중에 있는 경우에는 모든 재판절차가 종결되고 또한 대한민국 당국이 구금을 요청할 때까지 합중국 군 당국이 계속 이를 행한다. 그 피의자가 대한민국의 수중에 있는 경우에는 그 피의자는 요청이 있으면 합중국 군 당국에 인도되어야 하며 모든 재판절차가 종결되고 또한 대한민국 당국이 구금을 요청할 때까지 합중국 군 당국이 계속 구금한다. 피의자가 합중국 군 당국의 구금하에 있는 경우에는 합중국 군 당국은 어느 때든지 대한민국 당국에 구금을 인도할 수 있으며, 또한 특정사건에 있어서 대한민국 당국이 행할 수 있는 구금 인도의 요청에 대하여 호의적 고려를 하여야 한다. 합중국 군 당국은 수사와 재판을 위한 요청이 있으면 즉시 대한민국 당국으로 하여금 이러한 피의자 또는 피고인에 대한 수사와 재판을 할 수 있게 하여야 하며, 또한 이러한 목적을 위하고 사법절차의 진행

에 대한 장애를 방지하기 위하여 모든 적절한 조치를 취하여야 한다. 합중국 군 당국은 대한민국 당국이 행한 구금에 관한 특별한 요청에 대하여 충분히 고려하여야 한다. 대한민국 당국은 합중국 군 당국이 합중국 군대의 구성원, 군속 또는 가족인 피의자의 구금을 계속함에 있어서 동 당국으로부터 조력을 요청하면 이 요청에 대하여 호의적 고려를 하여야 한다.

(라) 제2항 (다)에 규정된 오로지 대한민국의 안전에 대한 범죄에 관한 피의자는 대한민국 당국의 구금하에 두어야 한다.

6. (가) 대한민국 당국과 합중국 군 당국은 범죄에 대한 모든 필요한 수사의 실시 및 증거의 수집과 제출(범죄에 관련된 물건의 압수 및 상당한 경우에는 그의 인도를 포함한다)에 있어서 상호 조력하여야 한다. 그러나, 이러한 물건은 인도를 하는 당국이 정하는 기간내에 환부할 것을조건으로 인도할 수 있다.

(나) 대한민국 당국과 합중국 군 당국은 재판권을 행사할 권리가 경합하는 모든 사건의 처리를 상호 통고하여야 한다.

7. (가) 사형의 판결은 대한민국의 법령이 같은 경우에 사형을 규정하고 있지 아니한 때에는 합중국 군 당국이 대한민국안에서 이를 집행하여서는 아니된다.

(나) 대한민국 당국은 합중국 군 당국이 본조의 규정에 따라 선고한 자유형을 대한민국 영역안에서 집행함에 있어서 합중국 군 당국으로부터 조력을 요청하면 이 요청에 대하여 호의적 고려를 하여야 한다. 대한민국 당국은 또한 대한민국 법원이 선고한 구금형에 복역하고 있는 합중국 군대의 구성원, 군속 또는 그들의 가족의 구금인도를 합중국 당국이 요청하면 이 요청에 대하여 호의적 고려를 하여야 한다. 이와 같이 구금이 합중국 군 당국에 인도된 경우에는 합중국은 구금형의 복역이 종료되거나 또는 이러한 구금으로부터의 석방이 대한민국 관계당국의 승인을 받을때 까지 합중국의 적당한 구금시설안에서 그 개인의 구금을 계속할 의무를 진다. 이러한 경우에 합중국 당국은 대한민국 당국에 관계 정보를 정규적으로 제공하여야 하며, 또한 대한민국 정부의 대표는 대한민국 법원이 선고한 형을 합중국의 구금시설안에서 복역하고 있는 합중국 군대의 구성원, 군속 또는 가족과 접견할 권리를 가진다.

8. 피고인이 본조의 규정에 따라 대한민국 당국이나 합중국 군 당국중의 어느 일방당국에 의하여 재판을 받은 경우에 있어서, 무죄판결을 받았을 때 또는 유죄판결을 받고 복역중에 있거나 복역을 종료하였을 때 또는 그의 형이 감형되었거나 집행정지되었을 때 또는 사면되었을 때에는 그 피고인은 타방국가 당국에 의하여 대한민국의 영역안에서 동일한 범죄에 대하여 이중으로 재판받지 아니한다. 그러나, 본항의 어떠한 규정도 합중국 군 당국이 합중국 군대의 구성원을, 그 자가 대한민국 당국에 의하여 재판을 받은 범죄를 구성한 행위나 부작위에 의한 군기위반에 대하여 재판하는 것을 막는 것은 아니다.
9. 합중국 군대의 구성원, 군속 또는 그들의 가족은 대한민국의 재판권에 의하여 공소가 제기되는 때에는 언제든지 다음의 권리를 가진다.
   (가) 지체없이 신속한 재판을 받을 권리
   (나) 공판전에 자신에 대한 구체적인 공소사실의 통지를 받을 권리
   (다) 자신에 불리한 증인과 대면하고 그를 신문할 권리
   (라) 증인이 대한민국의 관할내에 있는 때에는 자신을 위하여 강제적 절차에 의하여 증인을 구할 권리
   (마) 자신의 변호를 위하여 자기가 선택하는 변호인을 가질 권리 또는 대한민국에서 그 당시에 통상적으로 행하여지는조건에 따라 비용을 요하지 아니하거나 또는 비용의 보조를 받는 변호인을 가질 권리
   (바) 피고인이 필요하다고 인정하는 때에는 유능한 통역인의 조력을 받을 권리
   (사) 합중국의 정부대표와 접견 교통할 권리 및 자신의 재판에 그 대표를 입회시킬 권리
10. (가) 합중국 군대의 정규 편성부대 또 편성대는 본 협정 제2조에 따라 사용하는 시설이나 구역에서 경찰권을 행사할 권리를 가진다. 합중국 군대의 군사경찰은 동 시설 및 구역안에서 질서 및 안전의 유지를 보장하기 위하여 모든 적절한 조치를 취할 수 있다.
   (나) 이러한 시설 및 구역밖에서는 전기의 군사경찰은 반드시 대한민국 당국과의 약정에 따를 것을조건으로 하고 또한 대한민국 당국과의 연락하에 행사되어

야하며, 그 행사는 합중국 군대의 구성원간의 규율과 질서의 유지 및 그들의 안전보장을 위하여 필요한 범위내에 국한된다.

11. 상호방위조약 제2조가 적용되는 적대행위가 발생한 경우에는 형사재판권에 관한 본 협정의 규정은 즉시 그 적용이 정지되고 합중국 군 당국은 합중국 군대의 구성원, 군속 및 그들의 가족에 대한 전속적 재판권을 행사할 권리를 가진다.
12. 본조의 규정은 본 협정의 효력발생전에 범한 어떠한 범죄에도 적용되지 아니한다. 이러한 사건에 대하여는 1950년 7월 12일자 대전에서 각서 교환으로 효력이 발생된 대한민국과합중국간의협정의 규정을 적용한다.

제23조 청구권(Claims)

1. 각 당사국은 자국이 소유하고 자국의 군대가 사용하는 재산에 대한 손해에 관하여 다음의 경우에는 타방당사국에 대한 모든 청구권을 포기한다.
   (가) 손해가 타방당사국 군대의 구성원 또는 고용원에 의하여 그의 공무집행중에 일어난 경우, 또는
   (나) 손해가 타방당사국이 소유하고 동국의 군대가 사용하는 차량, 선박 또는 항공기의 사용으로부터 일어난 경우.

   다만, 손해를 일으킨 차량, 선박 또는 항공기가 공용을 위하여 사용되고 있었을 때, 또는 손해가 공용을 위하여 사용되고 있는 재산에 일어났을 때에만 한한다. 해난 구조에 관한 일방당사국의 타방당사국에 대한 청구권은 이를 포기한다. 다만, 구조된 선박이나 선하가 타방당사국이 소유하고 동국의 군대가 공용을 위하여 사용중이던 경우에 한한다.
2. (가) 제1항에 규정된 손해가 어느 일방당사국이 소유하는 기타 재산에 일어난 경우에는 양 정부가 달리 합의하지 아니하는 한 본항 (나)의 규정에 따라 선정되는 일인의 중재인이 타방당사국의 책임문제를 결정하고 또한 손해액을 사정한다. 이 중재인은 또한 동일 사건으로부터 발생하는 어떠한 반대의 청구도 재정한다.
   (나) 전기 (가)에 규정된 중재인은 양 정부간의 합의에 의하여, 사법관계의 상급지

위에 있거나 또는 있었던 대한민국 국민중에서 이를 선정한다.

(다) 중재인이 행한 재정은 양 당사국에 대하여 구속력이 있는 최종적인 것이다.

(라) 중재인이 재정한 모든 배상금은 본조제5항 (마)의 (1), (2) 및 (3)의 규정에 따라 이를 분담한다.

(마) 중재인의 보수는 양 정부간의 합의에 의하여 정하여지며, 양 정부가 중재인의 임무수행에 따르는 필요한 비용과 함께 균등한 비률로 분담하여 이를 지급한다.

(바) 각 당사국은 이러한 어떠한 경우에도 일천사백 합중국 불($ 1,400) 또는 대한민국 통화로 이에 해당되는 액수(청구가 제기된 때에 제18조의 합의의사록에 규정된 환률에 의한다)이하의 금액에 대하여는 각기 청구권을 포기한다.

3. 본조제1항 및 제2항의 적용상, 선박에 관하여 "당사국이 소유…"라 함은 그 당사국이 라용선계약에 의하여 임차한 선박, 라선조건으로 징발한 선박 또는 나포한 선박을 포함한다. (다만, 손실의 위험 또는 책임이 당해 당사국 이외의 자에 의하여 부담되는 한에 있어서는 그러하지 아니하다)

4. 각 당사국은 자국 군대의 구성원이 그의 공무 집행에 종사하고 있었을 때에 입은 부상이나 사망에 관한 타방당사국에 대한 모든 청구권을 포기한다.

5. 공무집행중의 합중국 군대의 구성원이나 고용원(대한민국 국민이거나 대한민국에 통상적으로 거주하는 고용원을 포함한다)의 작위 또는 부작위 또는 합중국 군대가 법률상 책임을 지는 기타의 작위, 부작위 또는 사고로서, 대한민국안에서 대한민국 정부 이외의 제삼자에 손해를 가한 것으로부터 발생하는 청구권(계약에 의한 청구권 및 본조제6항이나 제7항의 적용을 받는 청구권은 제외된다)은, 대한민국이 다음의 규정에 따라 이를 처리한다.

(가) 청구는 대한민국 군대의 행동으로부터 발생하는 청구권에 관한 대한민국의 법령에 따라 제기하고 심사하며 해결하거나 또는 재판한다.

(나) 대한민국은 전기한 어떠한 청구도 해결할 수 있으며, 또한 합의되거나 재판에 의하여 결정된 금액의 지급은 대한민국이 "원"화로써 이를 행한다.

(다) 이러한 지급(합의에 의한 해결에 따라 행하여지거나 또는 대한민국의 관할법원에 의한 판결에 따라 행하여지거나를 불문한다)이나 또는 지급을 인정하지

아니한다는 전기 법원에 의한 최종적 판결은 양 당사국에 대하여 구속력이 있는 최종적인 것이다.

(라) 대한민국이 지급한 각 청구는 그 명세 및 하기 (마)의 (1) 및 (2)의 규정에 의한 분담안과 함께 합중국의 관계당국에 통지한다. 2개월이내에 회답이 없는 경우에는 그 분담안은 수락된 것으로 간주한다.

(마) 전기(가) 내지 (라)의 규정 및 제2항의 규정에 따라 청구를 충족시키는데 소요된 비용은 양 당사국이 다음과 같이 이를 분담한다.

(1) 합중국만이 책임이 있는 경우에는 재정되어 합의되거나 또는 재판에 의하여 결정된 금액은 대한민국이 그의 25「퍼센트」를, 합중국이 그의 75「퍼센트」를 부담하는 비률로 이를 분담한다.

(2) 대한민국과 합중국이 손해에 대하여 책임이 있는 경우에는 재정되어 합의되거나 또는 재판에 의하여 결정된 금액은 양 당사국이 균등히 이를 분담한다. 손해가 대한민국 군대나 합중국 군대에 의하여 일어나고 그 손해를 이들 군대의 어느 일방 또는 쌍방의 책임으로 특정할 수 없는 경우에는 재정되어 합의되거나 또는 재판에 의하여 결정된 금액은 대한민국과 합중국이 균등히 이를 분담한다.

(3) 손해배상책임, 배상금액 및 비률에 의한 분담안에 대하여 양국 정부가 승인한 각 사건에 관하여 대한민국이 6개월 기간에 지급할 금액의 명세서는 변상요구서와 함께 매 6개월마다 합중국 관계당국에 이를 송부한다. 이러한 변상은 가능한 최단시일내에 "원"화로써 하여야 한다. 본항에 규정된 양국 정부의 승인은 제2항 (다) 및 제5항 (다)에 각각 규정되어 있는 중재인에 의한 어떠한 결정이나 또는 대한민국의 관할법원에 의한 판결을 침해하여서는 아니된다.

(바) 합중국 군대 구성원이나 고용원(대한민국의 국적을 가지거나 대한민국에 통상적으로 거주하는 고용원을 포함한다)은 그들의 공무집행으로부터 일어난 사항에 있어서는 대한민국안에서 그들에 대하여 행하여진 판결의 집행절차에 따르지 아니한다.

(사) 본항의 규정은 전기 (마)의 규정이 본조제2항에 규정된 청구권에 적용되는 범위를 제외하고는 선박의 항해나 운용 또는 화물의 선적, 운송이나 양륙에서 발생하거나 또는 이와 관련하여 발생하는 청구권에 대하여는 적용되지 아니한다. 다만, 본조제4항이 적용되지 아니하는 사망이나 부상에 대한 청구권에 관하여는 그러하지 아니하다.

6. 대한민국안에서 불법한 작위 또는 부작위로서 공무집행중에 행하여진 것이 아닌 것으로부터 발생한 합중국 군대의 구성원 또는 고용원(대한민국의 국민인 고용원 또는 대한민국에 통상적으로 거주하는 고용원을 제외한다)에 대한 청구권은, 다음의 방법으로 이를 처리한다.
   (가) 대한민국 당국은 피해자의 행동을 포함한 당해 사건에 관한 모든 사정을 고려하여, 공평하고 공정한 방법으로 청구를 심사하고 청구인에 대한 배상금을 사정하며, 그 사건에 관한 보고서를 작성한다.
   (나) 그 보고서는 합중국 관계당국에 송부되며, 합중국 당국은 지체없이 보상금 지급의 제의 여부를 결정하고, 또한 제의를 하는 경우에는 그 금액을 결정한다.
   (다) 보상금 지급의 제의가 행하여진 경우 청구인이 그 청구를 완전히 충족하는 것으로서 이를 수락하는 때에는 합중국 당국은 직접 지급하여야 하며 또한 그 결정 및 지급한 금액을 대한민국 당국에 통고한다.
   (라) 본항의 규정은 청구를 완전히 충족시키는 지급이 행하여지지 아니하는 한, 합중국 군대의 구성원 또는 고용원에 대한 소송을 수리할 대한민국 법원의 재판권에 영향을 미치는 것은 아니다.

7. 합중국 군대 차량의 허가받지 아니한 사용으로부터 발생하는 청구권은 합중국 군대가 법률상 책임을 지는 경우를 제외하고는 본조제6항에 따라 이를 처리한다.

8. 합중국 군대의 구성원 또는 고용원의 불법적인 작위나 부작위가 공무집행중에 행하여진 것인지의 여부 또는 합중국 군대의 차량사용이 허가받지 아니한 것인지의 여부에 관하여 분쟁이 발생한 경우에는 그 문제는 본조제2항 (나)의 규정에 따라 선임된 중재인에게 회부하며, 이 점에 관한 동 중재인의 재정은 최종적이며 확정적이다.

9. (가) 합중국은 대한민국 법원의 민사재판권에 관하여 합중국 군대의 구성원 또는 고용원의 공무집행으로부터 발생하는 문제에 있어서 대한민국안에서 그들에 대하여 행하여진 판결의 집행절차에 관한 경우 또는 청구를 완전히 충족시키는 지급을 한 후의 경우를 제외하고는 합중국 군대의 구성원 또는 고용원에 대한 대한민국 법원의 재판권으로부터의 면제를 주장하여서는 아니된다.
   (나) 합중국 군대가 사용하고 있는 시설과 구역안에 대한민국 법률에 의거한 강제집행에 따를 사유동산(합중국 군대가 사용하고 있는 동산을 제외한다)이 있을 때에는 합중국 당국은 대한민국 법원의 요청에 따라 이러한 재산이 대한민국 당국에 인도되도록 그의 권한내의 모든 원조를 제공한다.
   (다) 대한민국 당국과 합중국 당국은 본조의 규정에 의거한 청구의 공평한 처리를 위한 증거의 수집에 있어서 협력하여야 한다.
10. 합중국 군대에 의한 또는 동 군대를 위한 자재, 수용품, 비품 및 용역의 조달에 관한 계약으로부터 발생하는 분쟁으로서, 그 계약당사자에 의하여 해결되지 아니하는 것은 조정을 위하여 합동위원회에 회부할 수 있다. 다만, 본항의 규정은 계약당사자가 가질 수 있는 민사소송을 제기할 권리를 침해하지 아니한다.
11. 본조제2항 및 제5항의 규정은 비전투행위에 부수하여 발생한 청구에 대하여서만 적용한다.
12. 합중국 군대에 파견근무하는 대한민국 증원군대(「카츄샤」)의 구성원은 본조의 적용상 합중국 군대의 구성원으로 간주한다.
13. 본조의 규정은 본 협정의 효력발생전에 발생한 청구권에는 적용하지 아니한다. 이러한 청구권은 합중국 당국이 이를 처리하고 해결한다.

제24조 차량과 운전면허(Vehicle and Driver's Licenses)

1. 대한민국은 합중국이나 그 하부 행정기관이 합중국 군대의 구성원, 군속 및 그들의 가족에 대하여 발급한 운전허가증이나 운전면허증 또는 군의 운전허가증을 운전시험 또는 수수료를 과하지 아니하고 유효한 것으로 승인한다.
2. 합중국 군대 및 군속의 공용차량은 명확한 번호표 또는 이를 용이하게 지별할 수

있는 개별적인 기호를 붙여야 한다.

3. 대한민국 정부는 합중국 군대의 구성원, 군속 또는 그들의 가족의 사용차량을 면허하고 등록한다. 이러한 차량소유자의 성명 및 동 차량의 면허와 등록을 시행함에 있어서 대한민국 법령의 요구하는 기타 관계자료는 합중국 정부 직원이 합동위원회를 통하여 대한민국 정부에 이를 제공한다. 면허감찰 발급의 실비를 제외하고는 합중국 군대의 구성원, 군속 및 그들의 가족은 대한민국에서 차량의 면허, 등록 또는 운행에 관련된 모든 수수료 및 과징금의 납부가 면제되며, 또한 제14조의 규정에 따라 이에 관련된 모든 조세의 납부가 면제된다.

제25조 보안조치(Security Measures)

대한민국과 합중국은 합중국 군대, 그 구성원, 군속, 제15조에 따라 대한민국에 체류하는 자, 그들의 가족 및 그들의 재산의 안전을 보장하는데 수시로 필요한 조치를 취함에 있어서 협력한다. 대한민국 정부는 대한민국 영역안에서 합중국의 설비, 비품, 재산, 기록 및 공무상의 정보의 적의한 안전과 보호를 보장하기에 필요한 입법조치와 기타 조치를 취하며, 또한 제22조에 따라 대한민국 관계법률에 의거하여 범법자의 처벌을 보장하기로 동의한다.

제26조 보건과 위생(Health and Sanitation)

합중국 군대, 군속 및 그들의 가족을 위한 의료지원을 제공하는 합중국의 권리와 병행하여, 질병의 관리와 예방 및 기타 공중보건, 의료, 위생과 수의업무에 조정에 관한 공동관심사는 제28조에 따라 설치된 합동위원회에서 양국 정부의 관계당국이 이를 해결한다.

제27조 예비역의 훈련(Enrollment and Training of Reservists)

합중국은 대한민국에 체류하는 적격의 합중국 시민을 대한민국에서 예비역 군대로 편입시키고 훈련시킬 수 있다.

第28조 합동위원회(Joint Committee)

1. 달리 규정한 경우를 제외하고는 본 협정의 시행에 관한 상호협의를 필요로 하는 모든 사항에 관한 대한민국 정부와 합중국 정부간의 협의기관으로서 합동위원회를 설치한다. 특히 합동위원회는 본 협정의 목적을 수행하기 위하여 합중국의 사용에 소요되는 대한민국안의 시설과 구역을 결정하는 협의기관으로서 역할한다.
2. 합동위원회는 대한민국 정부대표 1명과 합중국 정부대표 1명으로 구성하고, 각 대표는 1명 또는 그 이상의 대리인과 직원단을 둔다. 합동위원회는 그 자체의 절차 규칙을 정하고, 또한 필요한 보조기관과 사무기관을 설치한다. 합동위원회는 대한민국 정부 또는 합중국 정부중의 어느 일방 정부대표의 요청이 있을 때에는 어느 때라도 즉시 회합할 수 있도록 조직되어야 한다.
3. 합동위원회가 어떠한 문제를 해결할 수 없을 때에는 동 위원회는 이 문제를 적절한 경로를 통하여 그 이상의 검토를 강구하기 위하여 각기 정부에 회부하여야 한다.

第29조 협정의 효력발생(Entry into Force of Agreement)

1. 본 협정은 대한민국 정부가 합중국 정부에 대하여 동 협정이 대한민국의 국내법상의 절차에 따라 승인되었다는 서면통고를 한 날로부터 3개월만에 효력을 발생한다.
2. 대한민국 정부는 본 협정의 규정을 시행하는데 필요한 모든 입법상 및 예산상의 조치를 입법기관에 구할 것을 약속한다.
3. 제22조제12항에 따를 것을조건으로 본 협정은 동 협정의 효력발생과 동시에 1950년 7월 12일자 대전에서 각서교환으로 효력이 발생된 재판관할권에 관한 대한민국 정부와 합중국 정부간의 협정을 폐기하고 이에 대치한다.
4. 1952년 5월 24일자 대한민국과 통합사령부간의 경제조정에 관한 협정 제3조제13항은 본 협정의 범위내에서 합중국 군대의 구성원, 군속, 초청계약자 또는 그들의 가족에게는 적용되지 아니한다.

第30조 협정의 개정(Revision of Agreement)

어느 일방 정부든지 본 협정의 어느 조항에 대한 개정을 어느 때든지 요청할 수 있으며, 이 경우에 양국 정부는 적절한 경로를 통한 교섭을 개시하여야 한다.

第31조 협정의 유효기간(Duration of Agreement)

본 협정 및 본 협정의 합의된 개정은 양 정부간의 합의에 따라 그 이전에 종결되지 아니하는 한 대한민국과합중국간의상호방위조약이 유효한 동안 효력을 가진다. 이상의 증거로서 하기 서명자는 그들 각자의 정부로부터 정당한 권한을 위임받아 본 협정에 서명하였다.

한국어와 영어로 본서 2통을 작성하였다. 양본은 동등히 정문이나 해석에 상위가 있을 경우에는 영어본에 따른다.

1966년 7월 9일 서울에서 작성하였다.

대한민국 정부를 위하여: 이 동 원 민 복 기

아메리카 합중국을 위하여: 딘 러브크 윈드롭 지. 브라운

참고문헌

국방부(2009). 과거, 현재, 그리고 미래의 가치 대한민국. 국방부.

국방부(2018). 2018 국방백서. 국방부.

권태영 외(2014). 북한 핵, 미사일 위협과 대응. 북코리아.

김열수(2010). 국가안보학. 법문사.

남기봉(2011). 국가안보학. 진영사.

박상섭(2007). 근대국가와 전쟁. 나남.

박윤식(2012). 대한민국 근현대사. 휘선.

박찬표(2007). 한국의 국가형성과 민주주의. 후마니타스.

유동열(2012). 사이버 공간과 국가안보. 북앤피플.

유동렬(2011). 북한의 대남전략과 도발의도. 세종연구소.

육군본부(2011). 참군인의길. 육군본부.

이종은 외 역(2010). 현대정치이론. 서울 까치사.

이성구(2006). 북한의 대남전략과 통일. 돌샘.

이춘근(2004). 21세기의 한미동맹관계. 자유 기업원.

조성렬(2004). 한미상호방위조약과 한미동맹 50년의 평가. 백산서당.

홍두승(2006). 21세기 한국의 군대문화. 국방리더십 연구 창간호.

통일교육원(2019). 북한이해. 통일교육원.

통일교육원(2019). 통일문제이해. 통일교육원.

〈저자소개〉

박문수

육군3사관학교 졸업 및 임관
한국외국어대학교 대학원 졸업
목원대학교 대학원 졸업
Multi-National Forces IRAQ, 이라크 다국적군 파병(자이툰 사단)
Combined Forces Command ROK-US(한미 연합군사령부) 근무
합동참모본부 근무
육군대령 전역
현) 한국 범죄방지협회 범죄방지 지도사
통일안보 전략연구소 연구위원
한국 보훈학회 연구위원
여주대학교 군사학부 교수

국가안보론

1판 1쇄 인쇄 – 2020년 2월 24일
1판 1쇄 발행 – 2020년 2월 28일

저 자 - 박문수
발 행 인 - 강철원
발 행 처 - 양성원
주 소 - 경기도 파주시 검산로 173번길 29-20
전 화 - 031-946-3861(代)
팩 스 - 031-946-3864
이 메 일 - tnwpub@naver.com
출판등록 - 2015년 8월 31일 제 2015-000211 호

ISBN 979-11-6126-228-4

정가 17,000원